佐藤義之・松枝啓至・渡邉浩一 編著
安部 浩・内田浩明・神野慧一郎
戸田剛文・冨田恭彦・松本啓二朗 著

観念説と観念論

イデアの近代哲学史

ナカニシヤ出版

まえがき

　本書のタイトルは『観念説と観念論──イデアの近代哲学史』である。とりわけ「観念説」という用語については耳慣れない語と感じられた方も多いかも知れない。本書の意図と「観念説」,「観念論」という用語については,序章で詳しい解説がなされているのでそこをお読み頂ければ幸いだが,もっぱら書店の店頭で本書を手にとって主旨を知ろうとこの「まえがき」を開かれた方のために,最初にごくごくおおまかな概説を加えておきたい。

　「観念説 (theory of ideas)」,「観念論 (idealism)」,いずれにも共通の「観念 (idea)」という語は,語源的には古代ギリシアで活躍したプラトンの「イデア」概念に遡る。

　プラトンは,あるものについて,そのものをそのものたらしめるものを問題にした。彼はそれを「イデア」と呼び,感覚によってとらえうる外界の対象とは異なって,目で見たり触ったりできず,思考によってのみとらえうるようなものと考えた。しかしそれは単なる認識,思考の対象にとどまらず,この地上にある個々のものがそのイデアを分かち持つことによって存在できているような,存在の根拠でもあると考えられた。

　地上の世界をこえた超越的な世界に属するものと想定されるこの「イデア」は,一種神秘的な色彩も帯びているが,そののち 2000 年以上にわたって西洋の哲学を貫く一本の柱となったのである。

　本書が主題的に扱うのは「観念説」,「観念論」に関わる近代以降の思想家の説である。起源をプラトンに遡るイデア概念は,近代にいたって大きな変容を被る。デカルトはもとは超越的なものと見なされていたイデア概念を,人の心のなかのものをさすものとして使う。私が犬を見れば犬そのものは外界にとどまるものの,犬の姿が心のなかに現れる。私が直接見るのはこの心のなかの姿だということもできる。こういう心に現れるものが観念とよばれる。知覚に由来するものだけでなく,想像される像も,また数などの抽象的なものも,心のなかのものである限り「観念」である。内面的なものとしてとらえなおされたこの「観念」を論じるのが「観念説」である。

　このとらえ方はのちの大きな論争の引き金となる。このとらえ方に立脚すれば,私が知覚している(と私が思っている)ときでさえ,私に本当に与えられているもの

は私が知覚している（と思っている）対象の「観念」でしかないと言うこともできる。そしてもしそうなら，私は知覚対象に直接到達できない。だとすれば外界の対象は本当にあるのか。そもそも外界自体，本当にあると確証できるのか。むしろ外界は私が「観念」を元に生み出したものにすぎないのではないか。外界の実在を否定的にとらえるこの種の議論が「観念論」と呼ばれる。

このように，「観念」という用語とその史的変化は新たな哲学的思想が生まれる契機となった。本書が扱うのはこういう近代以降の「観念」をめぐるいくつかの重要な議論である。

哲学はことばであり，哲学的解明はことばという扱いにくい道具を使って行うしかないが，本書を通覧して頂ければ分かるのは，そのことばが時代によってさまざまな意味内実を与えられるという事情である。それを単純に誤用や濫用と決めつけてはならないだろう。ことばは時代によって新たな意味を与えられてよみがえり，その時代の新たな思想を生み出す種子となる。哲学を学ぶものはこのような時代性に対する感覚を研ぎ澄まして哲学書を読むべきであろう。本書の諸論文は「観念」ということばをみちびきにひとりひとりの思想家を扱うことで，哲学におけることばの役割とその時代との関係について，学ぶべき多くのことを示唆していると言えるであろう。

＊　　　＊　　　＊

なお，日本では「観念説」，「観念論」の二概念をあわせて議論することがほとんど見られないなかで，本書の寄稿者冨田恭彦，神野慧一郎の両氏は，この二概念をめぐって長く研究を深めてこられた。本書の寄稿者のほとんどは京都大学人間・環境学研究科 総合人間学部にゆかりのある諸氏であるが，その多くが長年同研究科・学部で教鞭をとられた冨田氏や，学部で講義を頂いた神野氏に啓発を受けており，このことが本書の遠い出発点になっている。本書は，両氏のご指導のたまものであり，またそれへのささやかなお礼でもある。

2022 年 11 月
編者一同記す

目　次

序　章

観念説と観念論

「イデアの近代哲学史」に向けて

松枝啓至 + 渡邉浩一

The safest general characterization of the European philosophical
tradition is that it consists of a series of footnotes to Plato.
［ヨーロッパの哲学伝統の最も安全な一般的性格づけは，それがプラ
トンについての一連の脚注からなっているということである。］[1]

1　はじめに

　「観念説（theory of ideas）」と「観念論（idealism）」という本書のタイトルに冠し
た二つの語句は，ともに西洋近代哲学を論じるうえで不可欠の概念である。〈唯物
論 vs 観念論〉（または〈実在論 vs 観念論〉）という哲学史叙述の枠組みこそ古びたと
はいえ，観念論的な世界観やその問題圏に惹かれる人びとはなお絶えない[2]。また
観念説——これは哲学史研究における専門用語であるため観念論ほど広く知られた
ものではないが——という視点なしに，デカルト（René Descartes, 1596–1650）以降
の哲学の正確な理解は到底おぼつかない。

　しかしそうであるとして，なぜ「観念説と観念論」なのか。両者はなぜ・どのよ
うな意味で並置されるのか。

　端的に言えば，この両概念の重なりとズレの中にこそ，西洋近代哲学の具体的
な展開はあるからである。両者はともにプラトン（Platōn, 427–347BC）の「イデア
（ideā）」に遡源するが[3]，この語は近代初頭，とりわけデカルトおよびロック（John

---

1) Alfred North Whitehead, *Process and reality: An essay in cosmology*, ed. by David Ray Griffin
& Donald W. Sherburne, New York / London: The Free Press, 1978, p. 39.［ホワイトヘッド
／山本誠作［訳］『過程と実在（上）』（松籟社，1984 年），66 頁。］

2) 20 世紀後半以降の観念論の動向については Jeremy Dunham, Iain Hamilton Grant & Sean
Watson, *Idealism: The history of a philosophy*, Montreal & Kingston: McGill-Queen's
University Press, 2011, Part V を参照。

Locke, 1632-1704) によって，〈心の中の観念（idea）〉という新たな位置づけを得る。そして以降，立場の別なく哲学の共通理論として受容されたデカルト-ロック由来の「観念」語法が「観念説」であり，その内部で左右に大きく振れる当の「観念」解釈の一方の極をなすのが「観念論」であった[4]。つまり両者は本来，一方に言及すれば必ず他方との関係が問題になるというような，不可分のものである。

とはいえこうした見方は，哲学史というものが特にドイツ観念論の影響圏で発展してきたこと，さらに哲学史研究が対象言語別に分化傾向にあることなどもあってか，（西洋哲学の移入期からドイツ哲学に深く傾倒してきた）日本では必ずしも一般的なものとはなっていない[5]。観念説と観念論をあわせて扱った論著は，本書の執筆者でもある神野慧一郎と冨田恭彦によるものを別とすれば[6]，ほとんど見ることができないのが現状である。

そこで本書では，改めてこの両者のからみ合いからなる西洋近代哲学史像を浮かび上がらせるべく，17 世紀から 20 世紀の哲学者たちの「観念」をめぐる思想にクローズアップし，その概説を試みた。本書は 2 部から成り，第 I 部では観念説の形成と展開に関わるデカルトとロック，およびロック以降のイギリス哲学の伝統に連なる諸家を扱っている。そしてカント（Immanuel Kant, 1724-1804）をいわば折り返し点として，第 II 部では観念論の伝統を色濃く受け継ぐドイツの哲学者たちを中心的に取り上げている。書物の性格上，近代哲学の全体を網羅するものではないが，相対立し，ともすると没交渉のものとして扱われがちな二つの伝統の重なりとズレを幾分なりとも示すことができていれば幸いである。

もっとも，そのためにはあらかじめ「観念」の語・概念に関して基本的な事実を確認しておくことも必要だろう。この語・概念は近代以前は——とりわけ淵源であるプラトンのもとでは——どのように用いられていたのか（第 2 節）。これに対して

3）ギリシア語の原語は本章では原則としてローマ字表記で記す。

4）それゆえ視角を変えれば，近代哲学史——ないしは近代科学史——は「観念説と唯物論」の展開過程として見ることもできるだろう。唯物論の通史的叙述としては Friedrich Albert Lange, *Geschichte des Materialismus und Kritik seiner Bedeutung in der Gegenwart*, 2Bde., Iserlohn: J. Baedeker, ²1873-1875. が古典的であり，それを追う形で観念論についても Otto Willmann, *Geschichte des Idealismus*, 3Bde., Braunschweig: Friedrich Bieweg und Sohn, 1894-1897. が著されている。

5）Cf. 柴田隆行『哲学史成立の現場』（弘文堂，1997 年）。

6）神野慧一郎『ヒューム研究』（ミネルヴァ書房，1984 年）；冨田恭彦「観念」，廣松渉ほか［編］『岩波 哲学・思想事典』（岩波書店，1998 年），292-293 頁；神野慧一郎『イデアの哲学史』（ミネルヴァ書房，2011 年）；冨田恭彦『観念論の教室』（筑摩書房，2015 年）ほか多数。

デカルト–ロック流の「観念」語法とはどのようなものだったのか（第3節）。そして「観念説」と「観念論」の語はいつ・どのような意味で導入されたのか（第4節）。各章での論述を少し先取りしながら，それぞれの語・概念が用いられる仕方を整理しておくことにしよう。

2　古代・中世のイデア

2-1　プラトンの「イデア論」

「イデア」はプラトン哲学の代名詞とも言うべき概念であるが，実のところ，その表現される仕方は一様ではない。「姿」「容姿」「形」「種類」を意味する「イデア（ideā）」「エイドス（eidos）」を代表格としつつも，「〜そのもの（auto to 〜）」「まさに〜であるもの（auto ho estin 〜）」「実在（ousiā）」「本性（physis）」「あるもの（to on）」等々，同じ著作中でも用語は必ずしも固定されていなかった[7]。

そのほとんどを師であるソクラテス（Sōcratēs, c. 470–399BC）を主な話者とする対話篇として執筆したプラトンの著作は，研究上，初期・中期・後期と区分されるが，初期著作ではこの語・概念は「〜とは何であるか」という問いかけに対する答えとなるべきものを指して言われている[8]。たとえば「敬虔とはいったい何であるか」と問いかけるソクラテスが対話相手に念押しして言うには，「ぼくが君に要求していたのは，そんな，多くの敬虔なことのうちどれか一つ二つをぼくに教えてくれることではなくて，すべての敬虔なことがそれによってこそ，いずれも敬虔ということになる，かの相（eidos）そのものを教えて欲しいということだった」[9]。つまり，あることばによって語られる各個の事例でなく，いわばその本質・定義を示すよう求めているわけである。

さらにソクラテスは「その相（ideā）それ自体がいったい何であるかをぼくに教えてくれたまえ」[10]と畳みかけ，対話的探求を進めて行くが，初期著作では決定的な結論に至らず，のちのちの探求に開かれたまま対話は終わる。これに対して中期の

7）藤沢令夫［編］『プラトン全集　別巻　総索引』（岩波書店，1978年），31–35頁。

8）イデアをめぐるプラトンの思想の発展については藤沢令夫『プラトンの哲学』（岩波書店，1998年），またそれを補うものとして中畑正志『はじめてのプラトン』（講談社，2021年）をあわせて参照。

9）プラトン／今林万里子［訳］『エウテュプロン——敬虔について——』，『プラトン全集1』（岩波書店，1975年），16–17頁 [6D]。原語の挿入に際してはローブ古典叢書収録のテキストを用い，慣例に従ってステファヌス版のページ付け（Stephanus pagination）を示す。

諸著作では，その答え——イデアがわれわれにどのように認識され，またそれ自体として何であるか——が大胆に，ある時は「仮説（hypothesis）」，またある時は「物語（mŷthos）」を通じて示される。ここでは『国家』での説明を中心にその特徴を概観することにしよう。

　まず，「多くの美しいものがあり［……］多くの善いものがあり，また同様にしてそれぞれいろいろのものがある」とする一方で，「われわれはまた，〈美〉そのものがあり，〈善〉そのものがあり，またこのようにして，先に多くのものとして立てたところのすべてのものについて，こんどは逆に，そのそれぞれのものの単一の相に応じてただ一つだけ実相（イデア，idéa）があると認め，これを〈まさにそれぞれであるところのもの〉と呼んでいる」11)。このようにプラトンは改めてイデアというものの基本要件を示した上で，「さらにまた，われわれの主張では，一方のものは見られるけれども，思惟によって知られることはなく，他方，実相（イデア）は思惟によって知られるけれども，見られることはない」12)とする。つまり，視覚をはじめとする感覚があくまで個別的なものにとどまる以上，イデアは直接感覚によっては知られず，その認識のためには純粋な思惟によらなければならない。

　ところで，先立つ『パイドン』で言われているように，「〈美〉というものが，それ自体としてそれだけで存在」し，「〈善〉や〈大〉やその他すべてのものも同様である」と前提した場合，そこから導かれるのは，「もし〈美〉そのもの以外に，何かほかに美しいものがあるとすれば，それはただかの〈美〉を分けもつがゆえに美しいのであって，それ以外のいかなる原因によるのでもない」ということである13)。つまり，「○○は美しい」「△△は善い」といった判断・認識は〈美〉や〈善〉のイデアの「分有」によって，当のイデアを「原因」として成立するというのが，ここでのプラトンの主張である。

　そして各々のイデアがそのようなものであるとすれば，総じてイデアというものは，「認識される対象には真理性を提供し，認識する主体には認識機能を提供するもの」14)と解される。そこでプラトンは，このようなはたらきをする——各種のイデアのいわばメタレベルにある——イデアを〈善〉（のイデア）と呼ぶ。それはちょう

10) プラトン／今林万里子［訳］前掲書，17 頁［6E］。
11) プラトン／藤沢令夫［訳］『国家（下）』（岩波書店，2008 年），87-88 頁［507B］。
12) プラトン／藤沢令夫［訳］前掲書，88 頁［507B］。cf. プラトン／朴一功［訳］『饗宴／パイドン』（京都大学学術出版会，2007 年），181-182 頁［65B-C］。
13) プラトン／朴一功［訳］前掲書，291 頁［100B-C］。

ど太陽（とその光）がわれわれの視覚的知覚の根拠・原因であるのと同様の関係にあって，「認識の対象となるもろもろのものにとっても，ただその認識されるということが，〈善〉によって確保されるだけでなく，さらに，あるということ・その実在性もまた，〈善〉によってこそ，それらのものにそなわるようになるのだと言わなければならない——ただし，〈善〉は実在とそのまま同じではなく，位においても力においても，その実在のさらにかなたに超越してあるのだが」[15]。

　このようにプラトンのイデアとは，端的には，純粋な思惟によってとらえられる認識・存在両面での超越的原理であった。たとえて言えば，われわれは日常の感覚知覚に安らっている限り，地下の洞窟の壁面に映った影を実在と思いこんでいる囚人のようなものであり，それに対して哲学者というのはそこから解き放たれ，〈思惟によって知られる世界〉つまりイデアの世界へ上昇して実在そのものを直視する者——そしてそうしたイデアの把握にもとづいて再び洞窟に戻り仲間を導く者——であると考えられた[16]。

2-2　デミウルゴス／神とイデア

　この認識・存在両面での超越的原理としてのイデアについては，直接の弟子であるアリストテレス（Aristotelēs, 384–322BC）による批判を皮切りに今日まで延々と議論が続けられている。しかし，本書の主題である近代の「観念説」および「観念論」にとっては，そのようにしてイデア概念が脈々と継承されてきたこと，そしてキリスト教思想の展開に伴ってとりわけ中世にある看過しがたい変容をこうむったことを確認しておけば十分である[17]。

　ではその変容とはどのようなものであったか。ここでイデアは「神の精神のうち」なるものとしての位置を確立する。先走って言えば，これが答えである。

　もっとも，神とイデアの関係については，既にプラトンが後期の著作『ティマイオス』において〈製作者としての神による宇宙（コスモス）の生成〉という観点から語っていた。すなわち，「この万有の作り主である父である存在」すなわち「宇宙の構築者」は，永遠のものと生成するものという「モデル（paradeigma）のうちどち

14）プラトン／藤沢令夫［訳］前掲書，93 頁［508D–E］。
15）プラトン／藤沢令夫［訳］前掲書，94 頁［509B］。
16）プラトン／藤沢令夫［訳］前掲書，104–124 頁［514A–521B］。
17）ここでの大づかみな叙述を補うものとして，たとえば E. パノフスキー／伊藤博明・富松保文［訳］『イデア——美と芸術の理論のために』（平凡社，2004 年）を参照。

らのものに倣って，この宇宙を作り上げたのか」と問い，そして答える──。「宇宙は，およそ生成した事物のうち最も立派なものであり，製作者（dēmiourgos）のほうは，およそ原因となるもののうちの最善のものだから」，「宇宙は，言論と知性（理性）によって把握され同一を保つところのものに倣って，製作された」[18]。つまり，製作者としての神は永遠なるイデアをモデル・範型としてこの宇宙を作り上げた，というわけである。

　この『ティマイオス』の宇宙論ひいてはイデア論が（新）プラトン主義者の手を経てキリスト教思想と合流してゆく過程については専門的な研究に委ねるが[19]，いずれにせよ，無から世界を創造する神を起点とするその神学思想のもとでも，イデアは不可欠の役割を担うこととなる。この点をトマス・アクィナス（Thomas Aquinas, c. 1225-1274）の『神学大全』第Ⅰ部第 15 問題第 1 項「イデアは存在するか」の論述に即して見ておこう[20]。

　まず，「そもそも「イデア」（idea）とはギリシア語であって，ラテン語の「フォルマ」（形，forma）がこれに相当する」が，その内実は「そのもの自身から離れて存在するところの他のものの形相（forma）」を意味する。ところで，神による事物の認識・生成が仮にそのような離在的なイデア・形相にもとづくとすれば，神の外に超越的な原理があることになるが，これは神のあり方に反する。それゆえ一見すると，神の認識はイデアによらず，そもそもイデアというものも存在しない，ということになりそうに思われる。

　ここでしかしトマスは，このイデア・形相の離在ということを，(1)「その形相が「それの形相」であると言われる「それ」なるものの範型（exemplar）として」，あるいは，(2)「認識されるものの形相がその認識者のうちに在るといわれる意味において，そのものの認識の根原（principium）として」という二通りの関係として分析する。そして，いずれの意味においても「イデアを措定すべきことは必然である」

---

18) プラトン／種山恭子［訳］『ティマイオス──自然について──』，『プラトン全集 12』（岩波書店，1975 年），29-30 頁［28C-29A］。

19) J. マレンボン／中村治［訳］『初期中世の哲学』（勁草書房，1992 年）および土屋睦廣「プラトニズムの歴史における『ティマイオス』の伝統」，『法政哲学』14，2018 年，47-61 を参照。

20) トマス・アクィナス／山田晶［訳］『神学大全　Ⅱ』（中央公論新社，2014 年），201-206 頁。本節以下，『神学大全』からの引用は同書にもとづき，原語は慣例に従ってレオ版によって挿入した（cf. https://www.corpusthomisticum.org/sth1015.html）。
　なお，トマスのイデア論がより詳細に展開されている著作として，トマス・アクィナス／上智大学中世思想研究所［編訳・監修］・山本耕平［訳］『真理論　上［中世思想原典集成　第Ⅱ期　1]』（平凡社，2018 年）「第三問題　イデアについて」も参照。

と言う。というのは，この世界が偶然によってではなく，何らかの目的に従って生じたものであるとすれば，「形相」こそがその生成の目的にあたる。そしてそうした「はたらき」とは一般に，「はたらきを為すもの」のうちに「形相の類似性」が存在し，それが形相実現のためにはたらくことによるからである。

　これはつまり，「はたらきを為すもの」のうちに形相が先在しているということで，具体的には，まず「本性（natura）によってはたらくもの」，たとえば「人間が人間を生み，火が火を生ずる場合」，「自然本性的存在によって先在している」。他方，「知性（intellectus）によってはたらくもののうちには，実現されるべきことがらの形相は，可知的存在において先在している」。たとえば，「家の類似性が建築家の精神（mens）のうちに先在している場合」，建築家はこの精神のうちなる「家のイデア（idea domus）」に従って家を造ろうと意図していると言える。

　したがって，世界もまた「知性によってはたらき給う神によって造られたものであるから，世界がそれに似せて造られた形相が，神の精神のうちに（in mente divina）存在することは必然である」。このようにして，イデアは超越的な神の精神・心に内在するその本質——これによって自らと世界を認識し，また自己自身以外のものを造り出す——という確たる場所を得ることとなった。

3　近代のイデア

3-1　デカルトによる「観念」語法の導入

　前節で西洋古代・中世のイデアについて概観したが，そこでの「イデア／エイドス」は基本的に感覚知覚とその対象となる世界を超越したところに存在するものとされた（イデア界において，あるいは神の精神のうちに）。しかし，その存在様式は近代以降，大きく変容していくことになる。つまり「イデア／観念」は，人間の精神・心のうちに生じるものを指す術語としてその意味内容を変容させていくのである。本書ではこのような大きな変更が行われた近代以降の「イデア／観念」についてさまざまな視点から論じられることになる。

　人間の精神のうちにとらえられ，心の内容を成し，われわれの認識の対象となる「観念／イデア」なるものは，まずデカルト，ロックによって導入され，ついでスピノザ（Baruch de Spinoza, 1632-1677），バークリ（George Berkeley, 1685-1753），ライプニッツ（Gottfried Wilhelm Leibniz, 1646-1716），ヒューム（David Hume, 1711-1776）など，近代に活躍した哲学者たちによってさまざまに論じられ，その意味内容を多

様化させていった。本節では近代的な「観念／イデア」用法の代表として，デカルトとロックにおける「観念」を簡潔にだが紹介しよう（その詳細は，本書第1章，第2章第1節，第3章第1節で論じられている）。

　デカルトが活躍する直前の17世紀初頭においても，「イデア（idea）」という術語は基本的には古代・中世以来の伝統的な「イデア（idea）」の用法を受け継いでいたようである。しかしながらそれに加えて，イデア界における／神の精神のうちにある「範型（exemplar）」としての「イデア」が，人間の精神のうちにも見出されると解されたり，さらには「イデア」は，「人間の思考において形作られる想像（imagination）」や「われわれ人間の魂に刻印されるものの像（images of things）」といった意味合いも含むようになっていった（ここでの「想像（imagination）」や「像（image）」はむろん物体的なものの「想像」や「像」である）[21]。

　こういった状況もおそらく踏まえた上で，デカルトは「イデア（idea）」の新たな用法を創出することになる。ここではまずデカルトの主著である『省察』（1641年）第2答弁に付された，「神の存在と，魂が身体から区別されることとを証明する，幾何学的な様式で配列された，諸根拠」を参照してみよう。この「諸根拠」では『省察』において使用されている重要な概念に関する定義が最初に述べられているが，その中に「観念」の項目がある。そこでは，「Ⅱ．観念（idea）という名称によって私は，任意の思惟の形相（forma）——その直接の把握を介して当の思惟そのものを私が意識する，その形相——を理解している」（AT, VII, 160-1）[22]と記されている。また『省察』が出版された年の7月のメルセンヌ（Marin Mersenne, 1588-1648）宛の書簡では，「私は想像（fantaisie）において描かれた諸々の像（image）のみを観念という名称では呼ばないのであって，逆に物体的な想像のうちにある限りでは，それらをその名称では呼ばないのである。しかし私は一般的に，われわれがものをどのような仕方で認識するにせよ，われわれがそれを認識しているときに，われわれの精神のうちに（dans notre esprit）あるすべてのものを，観念という名称で呼ぶのである」（AT, III, 392-93），とも記されている。

---

21) デカルトの活躍した時代直前の「観念説」については次の文献に詳しい。Roger Ariew and Marjorie Grene, 'Ideas, in and before Descartes', *Journal of the History of Ideas*, 56(1), 1995: pp. 87-106.

22) デカルトの著作からの引用はすべてアダン・タヌリ版『デカルト全集』（*Œuvres de Descartes*, publiées par Charles Adam et Paul Tannery, Paris, Librairie Philosophique J.Vrin, 11vols., 1996）に依拠している。ローマ数字は巻号を，アラビア数字は頁数を表す。たとえば「AT, VII, 35」は，アダン・タヌリ版デカルト全集第VII巻35頁を表す。

　これらの記述から明らかなように，完成されたデカルトの哲学においては，「観念（idea）」はわれわれの精神・心に属し，その中に存在するものとされている。そしてその「観念」はたんなる「ものの像」のみならず，先の『省察』第2答弁の定義によれば，「任意の思惟の形相［本質あるいは本性］」であり，また先の書簡によれば，「私の精神のうちにあるすべてのもの」であるので，いわゆる抽象的・概念的な思考も含むものである。こういった点で，デカルトは新たな「イデア・観念（idea）」用法を創出したということになろう [23]。

3-2　ロックによる「観念」語法の確立

　イギリス経験論に属するロックも，デカルトの「観念」用法を踏まえつつ，彼なりの「観念説」を創出している [24]。ここではロックの認識論における主著である『人間知性論』（1689年）において，「観念（Idea）」の定義を述べている箇所を参照してみよう。ロックは『人間知性論』第1巻第1章第8節において，「このことば［観念ということば］は，およそ人間が考えるとき知性（Understanding）の対象であるものを表わすのにもっとも役だつと私の考える名辞なので，私は心象（*Phantasm*），思念（*Notion*），形象（*Species*）の意味するいっさいを，いいかえると，思考にさいして心（Mind）がたずさわることのできるいっさいを，表現するのに，このことばを使ってしまい，ひんぱんに使わないわけにはいかなかった」 [25] と述べている。ここではデカルトと同じく，ロックも人間の思考においてその対象となるものすべてを「観念」という名称でもって表現している。

　またロックは第2巻第1章では「観念一般ならびにその起源について」論述しており，そこで「まず探究すべきことは，人間がどのようにしてこれらの観念をえるかである」と問う。そしてロックは次のように答える。「心は，言ってみれば文字をまったく欠いた白紙（white Paper）で，観念はすこしもないと想定しよう。どのようにして心は観念を備えるようになるか。人間の忙しく果てしない心想がほとんど限りなく心へ多様に描いてきた，あの膨大な貯えを心はどこからえるか。どこから心は理

23）この点については，神野慧一郎『イデアの哲学史』（ミネルヴァ書房，2011年）第1章第2節，および本書第1章を参照されたい。

24）ロックが彼の認識論において「観念」を導入した背景については，冨田恭彦『観念説の謎解き』（世界思想社，2006年）第1章，および本書第2章を参照されたい。

25）ジョン・ロック／大槻春彦［訳］『人間知性論（一）』（岩波書店，1972年），39–40頁［John Locke, *An essay concerning human understanding*, ed. by Peter H. Nidditch, Oxford: Clarendon Press, 1975, p. 47］。

知的推理と知識のすべての材料をわがものにするか。これに対して，私は一語で経
験 (*Experience*) からと答える」[26]。デカルトがわれわれの心に生まれながらに刻印さ
れている観念 (たとえば「神」の観念) を認めるのに対して，ロックは観念の起源を上
記のように「経験」(つまり「感覚 (SENSATION)」と「反省 (REFLECTION)」[27]) と
し，いわゆる生得観念を認めない。

　上記のように本節では，いわゆる大陸合理論に属するデカルトと，いわゆるイ
ギリス経験論に属するロックにおける「観念」について簡潔に紹介した。これら大
陸合理論に属するとされるデカルト，スピノザ，ライプニッツなどの思想における
「観念／イデア」と，イギリス経験論に属するとされるロック，バークリ，ヒューム
などの思想における「観念／イデア」は，その意味内容がさまざまな点で異なるが，
「観念／イデア」を精神・心の中に在るものとする点ではみな共通している。

　そのうえで二つの立場による「観念／イデア」の扱いの大きな違いをここで一つ
挙げるとすれば，上記でも指摘した，「観念／イデア」の生得性を認める (合理論)
か，認めない (経験論) かという点である。つまり合理論の側は，真なる観念は精
神が生まれながらに有しているものであり，知性は心の中に在る諸々の観念を吟味
して真なる観念を偽なる観念から弁別し，真なる観念による体系を築き上げること
で知識を獲得するととらえる。他方で経験論の側は，生得観念や生得原理といった
ものの存在を認めず，感覚知覚や内省といった経験からわれわれは観念を得るので
あり，そのような諸観念がわれわれの知識や信念の素材になるととらえる。

　ただしこのような「合理論」と「経験論」という区分が何の問題もないわけでは
なく，上記の哲学者たちの思想においては単純にそのような二分法で片付けられな
い問題も多々含まれている。同じ側に属するとされる思想家たちの間でも，「観念
／イデア」の扱いはさまざまに異なるし，その一端は本書収録の諸論文で明らかに
されるはずである (たとえばいわゆるイギリス経験論の哲学者たちの「観念」説を扱った
冨田論文を参照)。したがって本書の執筆者の一人である神野も指摘するように (神
野『イデアの哲学史』「はしがき」参照)，このような従来の二分法を再考するためにも，
両者に共通する「観念／イデア」概念を考察の軸にするのは有益であろう。そして
そのような「観念／イデア」の扱いの差異の一端が，「観念説」と「観念論」という
概念の重なりとズレへとつながっていくことになる。

---

26) 前掲書，133–134 頁 [Locke, *op. cit.*, p. 104]。
27) 前掲書，134–135 頁 [Locke, *op. cit.*, p. 105]。

4　「観念説」と「観念論」

4-1　ヴォルフによる「観念論者」の定義

　「観念説」と「観念論」とは実に，以上のようなデカルト-ロック流の「観念」語法
を共通の土壌として，相互にからみ合いつつ生成してきたひとつがいの概念である。
　時間的な順序において先立つのは「観念論者」の語であり，本書第5章第2節
でも紹介されるように，おそらくはライプニッツによる最初の用例を踏まえて，特
にヴォルフ（Christian Wolff, 1679-1754）によって概念整備がなされた。いまこの概
念の教科書的説明の発端として，『神，世界，人間の魂およびすべての事物一般に
ついての理性的思考』（通称『ドイツ語形而上学』，第2版 1722 年）の用例を見ておく
と，そこでヴォルフは哲学に関する古来の学派区分を引き継いでまず「懐疑論者
（Skepticos）」と「独断論者（Dogmaticos）」を対置し，そのうえで後者を以下のよう
に分類している。

　　[……] 彼ら [独断論者] は事物をただ一種のみであるとするか，それに二種
　　を想定するかのいずれかである。前者は一元論者（Monist），後者は二元論者
　　（Dualist）と呼ばれる。一元論者はさらに二類からなり，観念論者（Idealist）で
　　あるか唯物論者（Materialist）である。前者は純然たる魂，または物質から成る
　　のでなく，われわれによって単純な事物と名づけられるような事物——ライプ
　　ニッツのモナド（Einheit）はそのようなものである——を認める。一方，世界
　　とその内部にある物体とを単純な事物の単なる像と考え，それらを調整された
　　夢にすぎないと見なす。後者はこれに対して哲学において物体的事物の他に
　　は何ものにも場所を認めず，魂や心を単なる物体の力であり，しかるに独自に
　　存立する存在物でないと考える[28]。

　ここに見られるように，これらの概念はいずれも「そもそも何が存在するのか」
という存在論に関するカテゴリーであり，そうした存在論的立場の違いに従って哲
学者たちを分類する簡便さゆえに，後世の哲学史において良くも悪くも絶大な影響
力をふるうこととなった。これに対して「観念説」は，のちに見るように，デカル

---

28) Christian Wolff, *Vernünfftige Gedancken von Gott, der Welt und der Seele des Menschen, auch allen Dingen überhaupt*, Halle: Renger, ²1722, Vorrede zu der andern Auflage.

ト－ロック以降の多くの哲学者たちが立場の別なく採用していた認識論的な装置を指して言う語であり，この点で「観念論」とは区別される。

こうしてライプニッツ－ヴォルフ学派のもとで学説誌・哲学史上の地位を得た観念論であるが，当初は基本的にネガティブな意味合いで理解されていた。観念論者としてはさしあたりバークリの名前——著作としては『ハイラスとフィロナスの三つの対話』（1713 年）——が挙げられている[29]。しかし，二元論こそが哲学の本道であり，物体と精神という存在様式を異にする両者の相関をいかによく説明するかを中心課題と考えるヴォルフにとっては，観念論者や唯物論者は悪い意味での「分派・セクト（Sekte）」であった。ドイツ哲学の大勢がそうした二元論的枠組みを離れて観念論へと強く傾くのはカント以降のことであり，そのきっかけとなった「超越論的観念論＝経験的実在論」という独自の思想については本書第 5 章第 3 節で論じられる。またそののち「ドイツ観念論（deutscher Idealismus）」の名のもとに括られる一群の哲学者たち——とりわけヘーゲル（Georg Wilhelm Friedrich Hegel, 1770–1831）——によって観念論こそが哲学の本来のあり方とされるに至る理路については，第 6 章で詳論されることになるだろう[30]。

4-2　リードによる「観念説」批判

ところで，観念論者の代表格とされたバークリであるが，本人は自らの立場を「物質否定論（非物質論，immaterialism）」と呼称していた。そしてその意図するところは，ロック的な観念語法から帰結すると考えられる外的事物についての懐疑論を回避することにあった。つまり，われわれの認識の直接の対象が心の中の観念であるとした場合，その観念に対応するべき心の外の事物はそもそも知られえないという不合理に陥る。それゆえ，そうした不合理を回避するために心の外の事物・物質を放棄するというのが，その物質否定論ないしは観念論の導かれる論拠であった（詳細は第 2 章第 1・2 節，第 3 章第 1・2 節を参照）。

そして「観念説」も，もともとはこのような批判的含意を伴って，18 世紀スコットランドのリード（Thomas Reid, 1710–1796）によって導入された語であった。その

---

29) 『合理的心理学』36 節。この点については本書第 5 章第 2 節も参照。

30) カント以降のフィヒテ，シェリング，ヘーゲルを総称して用いられる「ドイツ観念論」は，やはり後世の哲学史家の手になるものである。「ドイツ（人）の観念論・理想主義」という意味での用例は 19 世紀の中頃には広く認められるが，哲学史叙述にあたっての分類概念として用いられるのは 19 世紀後半に差し掛かってからのようである。

『人間の知的能力に関する試論』（1785 年）で，特にロックの「心は［……］心自身の
観念のほかに直接の対象をなにももた」ないという発言を吟味し [31]，リードは次の
ように結論づけている。

> もし観念説（the theory of ideas）が正しいとすれば，観念以外のいかなるもの
> についての知識もありえない。そして他方，われわれが観念とは別の何ものか
> について何らかの知識を持つのであれば，その説は誤りに違いない。[32]

　古代人のもとでは idea は「現実存在とは無関係に概念把握される事物」を意味
し，理性的推論による抽象的真理に関わるものであったが [33]，これと区別して彼ら
が「形象や心像の名前を与え」た感覚知覚される事物の像も含めて，「ロック氏やそ
の他の近代の哲学者」はすべてをこの語で一括した [34]。しかしこのような「観念に
関する共通の理論（theory）」ないし「観念についての共通の教説（doctrine）」は——
バークリを経て最終的にヒュームによって示されたように——外的事物についての
懐疑論という自己否定的な帰結へと導かれる [35]。これに対してリードは，外的事物
の現実存在を直接に知ることができると考えることから，むしろ観念説の方が誤り
であるとした（その思想の詳細は第 3 章第 3 節で述べられる）。

　にもかかわらず，デカルト–ロック流の観念説は 18 世紀から 19 世紀にかけて，む
しろますます普及の度を高めていく。ということはしかし，リードによる観念説批
判もまた問題であり続けたということでもある。観念（ひいては表象，さらには言語）
を心の直接の対象とする知覚・認識理論が懐疑論をもたらすという見方は，19 世紀
後半の T・H・グリーン（Thomas Hill Green, 1836-1882）などを介して——興味深いこ
とにグリーン本人はカント–ヘーゲル流の観念論による解決を図ったが [36]——，20
世紀以降の哲学・哲学研究においても共通して取り組まれるべき基本問題であり続
けている。

31）ジョン・ロック／大槻春彦［訳］『人間知性論（四）』（岩波書店，1977 年），7 頁［Locke, *op.
　　cit.*, p. 525］。
32）Thomas Reid, *Essays on the intellectual powers of man*, Edinburgh: John Bell, 1785, p. 552. リ
　　ード由来の the theory of ideas という語句は「観念の理論」と訳されることもあるが，本書で
　　は「観念説」で一貫させている。
33）Reid, *op. cit.*, p. 541, 543.
34）Reid, *op. cit.*, p. 544, 546.
35）Reid, *op. cit.*, p. 534, 547, 552.

4-3 「観念説と観念論」から

ところで，問題の解決に向けたさまざまな取組みの積み重ねは，しばしば問題そのものの問い直しにもつながるものである。たとえばロック，バークリ，ヒュームを一括りにせず，それぞれのテクストに即してその「観念説」の読み直しを行った場合，何が浮かび上がってくるだろうか。たとえばヒュームの場合，「懐疑論」という面よりは「自然主義」という面が焦点化されるのが今日の解釈の基調となっている（本書第4章はそこからの発展的議論を展開したものである）[37]。またロック（ひいてはデカルト）についても，「観念」語法導入の前提をなす粒子仮説——折からの古代の原子論の復興を背景とする——が，その認識論・存在論そのものの解釈にあたって看過しえない意味を持つ[38]。そしてこのことは当然，明に暗に観念説を継承している近代の哲学者それぞれの読み直しを要請するものでもある。

そしてその読み直しは，デカルト以来の近代哲学，ひいてはプラトンのイデア論を象徴的な出発点とする西洋哲学自体のとらえ直しにもつながることだろう。経験論と合理論，唯物論と観念論といった哲学史的なカテゴリーの相対化の兆しは19世紀後半には見られたが（本書第7章），20世紀に至ってその動向は先鋭化し，さまざまな試みがなされた。——本書第Ⅱ部でとりあげたフッサール（Edmund Husserl, 1859-1938）やハイデガー（Martin Heidegger, 1889-1976）もその代表格である。第8章では，プラトンの「イデア」概念の核である「本質・本性・何であるか」をめぐる，フッサール以来の現象学のもとでの批判的探求の過程が概観されるだろう。また第9章では，古代ギリシア以来の西洋哲学の全体を「形而上学」ととらえるハイデガーの思索の展開が，その「観念」理解に即して示されるだろう[39]。

21世紀の今日もなお，われわれはそうした読み直し・とらえ直しの途上にある。もしくは，こう言ってよければ，その都度の読み直し・とらえ直しこそが哲学史である。そしてここで概略的に示した「観念説と観念論」という枠組みは，そのための一つの有力な手掛かりとなるはずのものである。プラトンのイデア概念に連なりつつも近代に独自の変容を遂げたデカルト－ロック流の観念語法は，以後，哲学的探

---

36) グリーンについては第4章第1節，またグリーン以降のイギリス観念論の展開についてはDunham, Grant & Watson 前掲書を参照。

37) 神野前掲『ヒューム研究』を参照。

38) 本書第2章，および第3章を参照。

39) さらに，ハイデガーの思想を踏まえつつ，また異なる仕方でプラトン以来の西洋哲学の思考様式の転換を論じたものとして，冨田恭彦『詩としての哲学——ニーチェ・ハイデッガー・ローティ』（講談社，2020年）を参照。

求のための共通の枠組みとなり（観念説），そのもとで当の「観念」の解釈に応じて
観念論をはじめ各人各様の世界観・人間観を生み出してきた。この点で「観念説と
観念論」は，冒頭に述べたように，西洋近代哲学の具体的展開を描き出し，そして
そのことによって同時に新たな動向をうらなう基本的視座を提供しうるものと言え
るだろう。

　以上のような見通しのもと，本書は全体としてこの「観念説と観念論」という
枠組みを導きに，近現代の哲学者たちの思想のエッセンスの紹介・概説を各章ごと
に試みている。17 世紀から 20 世紀までの，それぞれに影響力の大きな哲学者たち
を取り上げているが，書籍の性質上，網羅的なものとはなっていないし，一つに収
斂するような哲学史像を示すものでもない。むしろ，各章の執筆者それぞれの哲学
的立場や問題意識に応じて，とりあげられる哲学者やその解釈のあり方は――部分
的に共鳴しながらも――拡散している。とはいえ，観念ひいてはイデアというもの
が哲学史上においてはたしてきた，また現にはたしつつある役割に照らして見れば，
それは必ずしも不都合なことではないだろう。「観念説と観念論」を軸とした多様
な哲学史的展開の叙述が，読者にとって固有名詞や概念の理解にとどまらず，執筆
者とともに自身とこの伝統との接点（批判点も含めて）を省みるきっかけとなれば幸
いである。

第 I 部

デカルトからカントまで
（17・18 世紀）

第1章

デカルトの観念説
自然学的観点から

松枝啓至

1　はじめに

　近世的な意味内容で「観念・イデア (idea)」という術語を使用した影響力のある哲学者の一人として，デカルト (René Descartes, 1596-1650) の名を挙げるのに異論はないだろう[1]。デカルトの場合の「観念・イデア」とは，簡潔に言えば，われわれ人間の心・精神・意識の内において現れるさまざまなもの・ことを意味している。つまり広い意味では，われわれの心が認識しとらえるもの・内容が「観念」と呼ばれる。したがってこの時代において「観念」なるものは，われわれは何をどのような仕方で認識するのか，ということを論じる認識論の中核を成すものである。そしてデカルトは，この「観念」を認識するものとして，「考える私」，すなわちいわゆる「コギト」の存在を彼の形而上学において第一の真理として定立することになる。

　このような「観念」理論は，私見によればデカルトの形而上学を構築していく上での重要な手法である「方法的懐疑」においても積極的な役割を果たしている。また新たな自然学の構築，特にこの当時の最先端の理論である粒子仮説の構築において，その認識論的な面に関しては，この「観念」理論が欠かせない。本章ではまずデカルトの自然学と形而上学のそれぞれの文脈における「観念」がいかなるものかを紹介し，その上で上記の二点について詳細に論じていきたい。とりわけ，「方法的懐疑」のプロセスにおいては直接的に「観念」という用語は使用されないが，「方法的懐疑」を推し進めていくその背後に「観念」理論が論理的に欠かせないことを指摘したい。そしてそのような「観念」理論が新たな自然学の構築においてどのような役割を果たすのかを明示したい。つまり本章ではデカルトの観念説を自然学的な

---

1)　デカルトの活躍した時代直前の「観念説」については次の文献に詳しい。Roger Ariew and Marjorie Grene, 'Ideas, in and before Descartes', *Journal of the History of Ideas*, 56(1), 1995: pp. 87-106.

観点で考察していくことになろう。

　ただデカルトの「観念」理論がいくつかの難点をはらんでいることも周知の通りで，そのような困難が，のちの哲学者たちがそれぞれの「観念説」や「観念論」を展開していく契機となっているのも事実である。したがって本章では最後にそのようなデカルトの観念説の難点をいくつか指摘した上で，観念説的なものの見方がわれわれの世界観・人間観にどのような示唆を与えるかにも言及したい。

2　自然学の文脈における「観念」と形而上学の文脈における「観念」

　デカルトの著作において「観念」なる用語はさまざまな文脈で現れるが，ここではまず自然学的な文脈に現れる「観念」について確認していこう[2]。デカルトの自然学における「観念」はひとことで言うと，主に「感覚・感覚像（sentiment）」という意味で用いられている。たとえばデカルトの初期の自然学的書物である『世界論』（1633 年頃）第 1 章には，「われわれが光について持っている感覚像，すなわち眼を介してわれわれの想像［想像力］において形成される光についての観念と，この感覚像をわれわれの内に作り出す対象自体の内にあるところのもの，すなわち炎や太陽の内にあって光という名で呼ばれているものとの間には，差異がありうる」（AT, XI, 3）[3] という叙述がある（以下，引用文中の［　］は本章著者の補足を示す）。ここでの「感覚・感覚像」すなわち「観念」は，われわれの心の外に存在する「対象」が原因となって，それに対応するものとして結果的にわれわれの「精神」が抱くことになるところのものである[4]。またこの引用箇所で注意しなければならないのは，

---

2) 以下の論述は拙著『デカルトの方法』（京都大学学術出版会，2011 年）第 I 部第 1 章の叙述にもとづく。詳細な議論はそちらを参照されたい。

3) 本章では，デカルトの著作からの引用はすべてアダン・タヌリ版『デカルト全集』（*Œuvres de Descartes*, publiées par Charles Adam et Paul Tannery, Paris, Librairie Philosophique J.Vrin, 11vols., 1996）に依拠している。ローマ数字は巻号を，アラビア数字は頁数を表す。たとえば「AT, VII, 35」は，アダン・タヌリ版デカルト全集第 VII 巻 35 頁を表す。訳文はすべて拙訳である。

4) ここで用いた「原因・結果」という表現については，デカルトが『世界論』第 1 章で，光の「観念」とそれを生み出す「対象」との関係を「言葉（parole）」の場合になぞらえて説明している箇所に注目されたい。そこでデカルトは，「自然もまたある記号（signe）を設けていて，この記号それ自体はわれわれが光について持っているこの感覚と似たものを何一つ持っていなくても，光の感覚をわれわれに持たせるということはどうしてありえないだろうか」（AT, XI, 4），と述べている。つまりここではデカルトは「観念」と「対象」とを記号的関係でとらえており，「原因・結果」という強い直接的な結び付きというよりはむしろ対応関係として両者の関係をとらえている。

この「観念」を生み出す「対象」と，これがわれわれの「精神」の内に引き起こす「観念」との間には，差異があるという点である。

　さらに『方法序説および三試論』（1637 年）中の「屈折光学」においても，自然学における「観念」用法の一例を見て取ることができよう。たとえば「屈折光学」第1講には，「われわれに色や光が見えるためには，何らかの物質的なものがそれらの対象からわれわれの眼まで移ってくると想定する必要はないし，同じくこれらの対象のなかにはそれについてわれわれが持っている観念や感覚と類似するものが存在すると想定する必要もない，と判断してもよいであろう」（AT, VI, 85）という叙述がある。ここでも先述の『世界論』と同様に「観念」という用語は「感覚」という言葉に言い換えられており，「それ［対象］についてわれわれが持っている観念」とあるように，「対象」と「観念」は別個のものとしてとらえられている。またここでも「対象」とその「観念」との類似性が否定されている。

　上記の二つの事例から理解されるのは，自然学における「観念」はわれわれの知覚や認識の枠組みを説明するものとしての「対象」・「観念」・「思惟（精神）」という三つ組みの一項として機能している [5]，ということである。この三つの内どの一つが欠けても「観念」という用語は意味を成さないだろう。そしてこれらの三項が三つ組みになっており，かつそれぞれが別個に存在すること（もちろん周知の通り厳密に言えば観念は精神（思惟）の一様態である）が前提されているからこそ，デカルトは「対象」とその「観念」との非類似を強調できるのである。こういった点については本章第3節や第4節であらためて論じよう。

　さて次にそのような「観念」用法が，形而上学すなわち『省察』（1641 年）という書物においてはどのようなものなのかを確認する。ここではとりあえず次節に議論をつなげるためにも，『省察』の本文以外の箇所での「観念」用法を参照する [6]。まずデカルトによる「観念」の定義について。デカルトは『省察』第2反論において，「観念という名称によって私は，任意の思惟の形相――その直接の把握を介して当の思惟そのものを私が意識する，その形相――を理解している」（AT, VII, 160）と述べている。つまりここでの「観念」は，先に述べた「感覚像」としての「観念」の

---

5) このような，認識における「対象」・「観念」・「精神（あるいは思惟）」という三つ組み構造については，冨田恭彦によるロックやバークリの観念説に関する一連の研究に示唆を受けた。冨田恭彦『ロック哲学の隠された論理』（勁草書房，1991 年）および『観念説の謎解き』（世界思想社，2006 年）を参照されたい。
6) 以下の論述は前掲拙著第Ⅰ部第2章の叙述にもとづく。詳細はそちらを参照されたい。

みならず，概念的なものも含めてわれわれが思惟し意識するものすべてを含意することになろう。

また「読者への序言」において，デカルトは「観念」という語の両義性を指摘しており，そこでは「観念」が二つの側面から解されうるものであると語られている（AT, VII, 8）。その一方は「質料的・素材的（materialiter）」に見られた場合であり，この時の観念は「知性の作用（operatio intellectus）」と解されることになる。つまり「質料的」という意味での観念は，精神・知性の作用あるいは出来事であり，心のなかで生じる何かであり，思惟の様態・在り方としてとらえられるものである。もう一方で観念は，前記の「知性の作用」によって「表現されたもの（res repraesentata）」とも解されることになる。つまりこのような意味での観念とは，精神・知性がそれへと直接向けられる何か，すなわち精神・知性が把握するものの内容である。そして観念が有するこのような表現的な側面ということに関して重要になるのが，「観念の表現的実在性（realitas objectiva）」である（ここでは上記のような意味内容を考慮して，「objectiva」を「表現的」と訳す）。特にデカルトはこの観念の表現的実在性が彼の形而上学的な論証を遂行するにあたって必須のものであることを強調している[7]。

また「質料的」な側面に関しては，ホッブズ（Thomas Hobbes, 1588–1679）と交わされた第3反論と答弁，およびガッサンディ（Pierre Gassendi, 1592–1655）と交わされた第5反論と答弁を検討することで，デカルトがとらえている観念の存在様式がどのようなものであるのかがより明らかになる。つまりデカルトは観念を「知性の作用」として，つまり思惟の様態としてとらえているが，ホッブズやガッサンディは観念を物質的なものとしてとらえている。言い換えればデカルトは観念を実体としての精神に属するものとしてとらえており，逆にホッブズやガッサンディは観念を実体としての物体に属するものとしてとらえている。

以上のように形而上学における「観念」は，特に精神（思惟）の様態である点が強調されている。ちなみに「観念」という用語は『省察』本文に限っていうなら第3省察になって初めて導入される。そしてそこでの観念は，方法的懐疑を遂行した結果精神内の存在として措定され，外的事物との関係をまったく絶たれている。これに対して『省察』以前の『世界論』や『方法序説および三試論』中の「屈折光学」などでは，「観念」が概して「精神」内の存在であることに変わりはないが，われわ

---

7) 観念のこの「表現的実在性」はとりわけ第3省察の神の存在証明において重要な役割を果たすことになるが，本章では紙幅の関係上，これ以上論じない。前掲拙著第Ⅱ部第2章第3節を参照されたい。

れの知覚や認識を説明する枠組みの一項としてとらえられており，外的事物との関係で語られている。つまりデカルトの「観念」用法は，特に外的事物との関係については，形而上学の場面においてと自然学の場面においてとで，一見異なっているように見受けられる。しかし同じ「観念」という用語を使用しているからには，それらの用法は密接に結びついているだろう。しかもそのような「観念」用法は，「観念」という言葉が直接現れない，方法的懐疑の論証構造にも密接に関わっていると考えられる。

3　第3省察における「観念」と方法的懐疑

　本節ではデカルトの形而上学的書物である『省察』における「観念」用法について，第3省察での「観念」用法と方法的懐疑との関連性を論じる。とりわけデカルトが第3省察で外的事物と観念とがまったく類似していないことを強調する箇所（太陽に関する二つの別個の観念）に注目したい。しかしその前にその箇所に辿り着くまでの第3省察の「観念」をめぐる議論を参照しておく。

　第3省察は周知の通り，方法的懐疑を経て，「私はある，私は存在する（Ego sum, ego existo）」という真理を手に入れ，そしてその存在する「私」が「考えるもの（res cogitans）」であるということが確実になったところから議論が始まる。以下では特に「観念」という用語が現れる箇所に絞って考察を進めていこう。まずデカルトは第1・第2省察での懐疑の過程を振り返りつつ，感覚によって得られると（懐疑以前は）考えられていた多くの事柄について言及し，それらをまず「ものの観念（rerum ideae）」と言い直している（AT, VII, 35）[8]。そしてこれらの観念が「私の内にあること（in me esse）」をデカルトは否定しない。またデカルトは数学的真理までも疑っているこの状況を何とか打開したいと考えており，その突破口となるのが神の存在証明であるが，すぐさま神の存在証明に向かうわけではない。まず「私の思惟（meae cogitationes）」のすべてが大きく分けて二つに分類される。その一つ目については「私の思惟の内のあるものは，あたかもものの像のようなものであって，ただそれらに対してのみ本来は観念という名称が適合する」（AT, VII, 37）と述べられている[9]。ここでは「私」の思惟の内の「ものの像（rerum imagines）」が取り上げら

8）ちなみにこの箇所が『省察』本文において「観念」という言葉が初めて記されている場所である。

れており，それに対して「観念」という名称がとりあえず与えられることになる。

つづいてデカルトは観念には三種類のもの（「生得的な観念（idea innata）」，「外来的な観念（idea adventitia）」，「私自身によって作られた観念（idea a me ipso facta）」）がありうることを指摘した上で，考察の焦点を「外来的な観念」に合わせる。特にデカルトは，仮に「私」とは別個のものから観念が出来するとしても，そのことからはそれらの観念がそうしたものに類似していなくてはならないということは帰結しない，と強調する。そういった点を論じるにあたってデカルトは，太陽についての次のような二つの異なる観念を例として挙げている。その一方については「あたかも感覚から汲まれたものであって，それは特に私が外来的なものと見なしたものの内に列挙されるべきものであるが，それによるときわめて小さな太陽が私に現れ出ることになる」（AT, VII, 39）と述べられている。そしてもう一方については「天文学上の諸理由［根拠］によって引き出されたもの，すなわち何か私に生得的な諸概念によって取り出されたもの，あるいは何か他の方法によって私によって作り出されたものであり，それによると太陽は地球よりも何倍も大きいことが表示される」（ibid.）と述べられている。そしてデカルトは「これら二つの観念の内のどちらもが，私の外に実際に存在している同じ一つの太陽に似ているということはありえない」（ibid.），と述べ，そこから直ちに，「太陽そのものからもっとも直接に出てきたと思われる観念がもっとも太陽に似ていない」（ibid.）と結論付けるのである。

上記の論述は，方法的懐疑を経て，いまだ神の存在証明がなされていない状況下でのものであり，「私の外」に存在するものに関してはその実在が保証されているわけではない。したがってこの議論も「仮に」のものであるが，「似ていない」と結論付けるためにはどのような根拠が必要であろうか。「太陽」という同一の対象について別個の複数の観念がありうるということだけでは根拠として不充分である。「私」とは別個のものから観念が出来するという前提のもとで「対象」と「観念」の類似／非類似を論じることが可能なのは，「対象」と「観念」とが別個の存在者として認められていて（議論の前提），それに加えて，それぞれについてそれらが何であ

---

9) もう一つの「私の思惟」についてデカルトは，「たとえば，私が思惟するとき，恐れるとき，肯定するとき，否定するときには，もちろんいつも私は何らかの事物を私の思惟の対象・主題としてとらえている（quidem aliquam rem ut subjectum meae cogitationis apprehendo）が，しかしさらには当の事物の似姿以上の何ものかを思惟しているのである。こういうものの内，あるものは意志あるいは感情と呼ばれ，他のものは判断と呼ばれる」（AT, VII, 37），と述べている。つまり具体的には「意志（voluntas）」「感情（affectus）」「判断（judicium）」と呼ばれているものであって，それらは「ものの像」と呼べるものではない。

るか（この議論の場合，真に存在する「太陽」とそれについての二つの別個の観念）が知られている時である。というのもそれらが真に何であるかを知っていなければ，特に観念の対象となっている「当のもの（res ista）」を知っていなければ，それについての観念が複数あるということは言えても，「当のもの」が何であるか分からない以上，それらの類似／非類似については断定できない。つまり本章第2節前半で確認したような自然学における「観念」を含む知覚・認識の枠組みが確保されていてこそ，ここでデカルトが結論付けようとしている観念と「当のもの」との類似／非類似の議論は可能となる。

　ただし太陽についての二つの観念をめぐるこの議論は，そもそも外的事物の存在自体が懐疑に付されている最中での議論である。そのため上記のような考察は充分なものとは言えないし，この議論の成否を検討するには，『省察』中もっとも形而上学的な議論が展開されている箇所の一つである神の存在証明における「観念」用法を検討せねばならないだろう。しかしここではそのような考察を他の場所に譲り[10]，上記で指摘したような「観念」を含む知覚・認識の枠組みが，方法的懐疑というプロセスにおいてどのような役割を果たすのかを確認したい。

　前節末尾で指摘したように，第1・第2省察において「観念」という言葉は現れないが，方法的懐疑のプロセスにおいては上記のような「観念」用法を前提とした議論が多々見受けられる。それらの内，典型的な一つの事例について考察してみよう。さてデカルトは第1・第2省察において次のような方針の下に方法的懐疑を遂行する。まず，懐疑者がそれまで真なるものとして受け入れてきた偽なる意見を全面的に転覆するためには，「それらの意見のすべてを偽であると示すことは必然ではない」（AT, VII, 18）とする。さらに，「まったく確実で不可疑であるわけではないものに対しても，明らかに偽であるものに対するのに劣らず，気を付けて同意を差し控えるべき」（ibid.）であるとする。そしてこの方法的懐疑を実行することにおいて，懐疑者がかつて信じてきたものを一つひとつ吟味するのではなく，それらを幾種類かに分類し，それぞれの種類の原理そのものに疑いをかけるという作業を行う。

　その作業の典型例として，方法的懐疑の最初の段階のものを取り上げよう。デカルトはまず感覚から得られる知識に対して疑いをかける。「これら感覚は時々欺くということに私は気付いており，われわれを一度でも欺いたことのあるものをけっ

10）本節の以上の論述は前掲拙著第Ⅱ部第2章第2節の叙述にもとづく。神の存在証明における「観念」用法については本章注7を参照されたい。

して全面的には信用しないことが，分別のあることである」(ibid.)。つまり錯覚という現象が生じる，という理由で感覚から得られる知識・意見をすべて拒否することになる。第1省察では錯覚の具体例は挙げられていないが，第6省察では，「時々，遠くからは丸いと見られた塔が，近くで見ると四角いことが明らかになったり，その塔の頂上に立っている非常に大きい彫像が，地上から眺めるとそう大きくないように見えた」(AT, VII, 76) という例が挙げられている。この場合は同じ対象が，条件が異なれば異なったものに見えるというものである。

　このような疑いのプロセスにおいて，明らかに「観念」を前提とした認識・知覚の枠組みが重要な役割を果たしている。つまり前節前半で自然学の文脈における「観念」について言及したところでは，われわれの精神がとらえているところの「観念」と，その「観念」を生み出すところの「対象」(自然・物質世界に存在するもの) とが必ずしも類似しているわけではないことを，デカルトは再三強調していた。「対象」と「観念」との関係がどのようなものであるかは次節であらためて詳細に論じるが，それらの存在が前提された上で，それらの間において何らかの差異が生じていると認識しているからこそ，感覚像・観念を介するわれわれの知覚・認識において，われわれが自然・物質世界に関して欺かれていることもあると確信できるのである。つまりこの第1省察においては「観念」という術語こそ明示されていないが，方法的懐疑の論証構造においては，懐疑を遂行していくための論理的な裏付けとして，「観念」を含むわれわれの認識・知覚機構が前提となっていることは明らかであろう。次節では「観念」を含むその認識機構について，自然学の文脈を踏まえて論じる。

4　自然学の文脈における「観念」の役割

　本節では自然学の文脈における「観念」の役割を論じていくが，まず取り上げるのは，『世界論』である。本章第2節でも簡潔に確認したように，『世界論』第1章で現れる「観念」という用語は，「感覚・感覚像 (sentiment)」の言い換えとして現れている。またここでは，観念が「われわれの想像［想像力］において形成される」ということと，それら観念 (あるいは感覚) をわれわれの内に生み出すのが「対象 (objet)」であることに注目しなければならない。つまりこの『世界論』の段階での観念は，まずわれわれの認識を説明する枠組みにおけるものとして，すなわち「対象」・「観念」・「思惟 (あるいは精神)」という三つ組みにおける一項として機能している。つまりわれわれの外にある対象 (物体) が実在し，そして観念なるものはその

対象が原因となって，われわれの思惟（あるいは精神）の内に生じるものである，という構図においてこそ，観念という言葉はその意味を持ちうるものとなる。このような観念およびそれに関係する諸概念から織り成される構図は，その後のデカルトの自然哲学においても一貫して見て取ることができる。

『世界論』第2章以下では，われわれの思惟の内に観念を生み出すことになる対象についての論述に話題が移っている。したがって『世界論』第1章以外の箇所で観念が主題となっている所はわずかである。たとえば第2章では光の観念を生み出す物体の一つとして，炎の微粒子について語られている。それらの箇所で観念について述べられていることと言えば，対象である「物体の微粒子（petite partie）」の運動がわれわれの思惟の内に観念（あるいは感覚・感覚像）を引き起こし生じさせる，といった記述がほとんどである。具体的には第2章末尾では，炎の微粒子の運動が生み出す結果（光の感覚（観念）や熱の感覚（観念））について言及されているが，そこでもデカルトは，「われわれの思惟の外には，くすぐったさや痛みについてわれわれが認識している諸観念に似たものは何もないのであって，同様に熱についてわれわれが認識している観念に似たものは何もないとわれわれは充分に信じることができる」（AT, XI, 10）と強調している。

周知の通り17世紀以降，自然学の分野においては古代ギリシアの原子論の枠組みをある意味受け継いださまざまな粒子仮説が提唱され，洗練されていくことになる [11]。デカルトの場合，自然世界とは「物質自体（la Matière même）」（AT, XI, 36-7）の世界のことである。また『世界論』第3章でデカルトは，たとえば炎の粒子に関連して，「絶え間なく運動する微粒子がたくさん存在するのは炎のなかだけではないのであって，むしろ他のすべての物体にもこのような微粒子が存在する」（AT, XI, 11）と述べている。つまりデカルトは自然世界，すなわち物質世界をそのような微小粒子から構成されるものとしてとらえている。そしてそのような微小粒子からなる世界をわれわれがどのように認識するかを説明する時に，上記のような観念説は重要な役割を果たすことになる。それではその「観念」を含むわれわれの認識構造についてデカルトがどのように論じているか，別の文献を参照してみよう。

11）ただしデカルトの場合，原子論の二本柱の一つである，「空虚」を認めない。しかも原子の無限分割可能性を主張している。この点については，たとえば『哲学の諸原理』（1644年）第IV部第202節（AT, VIII-1, 325）を参照されたい。したがってデカルトの理論を「原子論」と呼ぶことは正しくないが，この17世紀の自然科学において流行思想だった「粒子仮説」の一つであったとは言える。

　参照するのはデカルトの自然学の一部が展開されている「屈折光学」であり，この論考で「観念」という言葉が現れる箇所を具体的にいくつか考察していこう[12]。まずは「屈折光学」第1講である。本章第2節で参照したように，そこでは，「われわれに色や光が見えるためには，何らかの物質的なものがそれらの対象からわれわれの眼まで移ってくると想定する必要はないし，同じくこれらの対象のなかにはそれについてわれわれが持っている観念や感覚と類似するものが存在すると想定する必要もない，と判断してもよいであろう」(AT, VI, 85) と強調されている。

　この箇所の少し前で，デカルトは光については，「光があると言われる物体においては，光というものは空気あるいは他の透明な物体を介してわれわれの眼の方へと伝わってくる，きわめて速く，きわめて活発なある特定の運動または作用以外の何ものでもない」(AT, VI, 84) と述べている。また色については，「色があると言われる物体においては，これらの色というのは，その物体が光を受け取り眼の方へと送り返すさまざまなやり方以外の何ものでもない」(AT, VI, 85) と述べている。つまりわれわれが日常的に物体にあると見なしているところの光や色といったものは，物体のある種の運動や作用がわれわれの感覚器官にはたらいた結果，われわれがとらえることになるものであって，それがすなわち引用文中にある，光や色の観念あるいは感覚なのである。

　このようなデカルトの主張は，本節前半で簡潔に確認した『世界論』での主張とまったく同じである。つまりここでの「観念」なる用語も，われわれの認識を説明する「対象」・「観念」・「精神」という三つ組みの一項として機能しており，対象とわれわれがそれについて抱く観念とは必ずしも似ておらず，まったく異なる場合もあるのである。そしてそれらがどのように異なるか，あるいは光や色とは実際に何であるかは前段落で確認した通りである。また先に引用した「屈折光学」第1講では，デカルトはわれわれが心の内に抱く観念について述べていたが，他のある箇所ではわれわれが観念を抱くことになる過程の一端を説明している。それらのプロセスはデカルトが提唱する粒子仮説や当時の神経生理学にも密接に関係している。

　たとえば第4講の終わりあたりでデカルトは，「われわれの脳のなかで形作られる像 (les images qui se forment en notre cerveau) が，自らが関係を有している対象のすべてのさまざまな性質を精神に感覚させる手段を，どのような仕方で与えるのか，ということだけが問題であって，それらの像がそれ自体として対象とどのような仕

---

12) 以下の論述は前掲拙著第Ⅰ部第1章第5節にもとづく。

方で類似しているか，ということはまったく問題ではない」(AT, VI, 113) と述べている。ここで使用されている「像 (image)」という言葉は感覚・感覚像としての観念という用語に一致するものではなく，あくまで脳内に痕跡として刻印される物理的な像のことを述べている。ただしそれでもデカルトは，その像さえもそれが表す対象とは似ていないことを強調している。このような強調は，彼自身がその構築の一翼を担った新しい自然学の独自性を示したいがためだったのであろう[13]。またデカルトは第5講で眼底に形作られるところの像について図を交えつつ説明しており，第6講にかけてその像が脳内の神経線維を経ていわゆる「松果腺」に達する過程について述べられている。その過程においては対象とまったく類似した像がそのまま松果腺にまで達するのではなく，伝達されるのはその像を形成しているところのある運動であり，この運動が松果腺に達した結果生じるのが，われわれの魂（＝精神）が抱くところのある感覚すなわち観念である[14]。

　このようにデカルトの「観念説」はこの当時の粒子仮説を核とする自然学と密接に結びついており，自然世界の新しいとらえ方をするためにも必須のものであった。本章ではデカルトが「対象」と「観念」との間には必ずしも類似関係があるわけではないと強調している点に何度も言及してきた。本章で確認してきたようにデカルトがそのことを主張するためには認識理論として上記のような「観念説」が前提となる。またそのような観念説を前提として，方法的懐疑のプロセスにおいて遂行される具体的な懐疑も成立するのであろう。

5　観念説の問題点と意義

　本章ではデカルトの観念説を，特にこの当時の新しい自然学，すなわち粒子仮説

---

13) デカルトは先の引用箇所の少し前で，「当代の哲学者たちが一般に行っているような，感覚するためには対象から脳まで送られてくる何らかの像を魂が考える必要があるということを，前提しないように気を付けねばならない」(AT, VI, 112) と記している。ここでの「当代の哲学者たち (nos Philosophes)」とは，おそらくデカルトが退けることを欲した中世以来のスコラ哲学に与する学者たちであろう。このようなスコラ哲学を脱しようとするデカルトの姿勢は周知の通り，『精神指導の規則』(1628年頃) にすでに見受けられる。もっともこの『精神指導の規則』では，デカルトの「新しい方法」が提示されると同時に，アリストテレス主義的スコラ哲学の残滓も多々見受けられる。
14) このような「松果腺 (la glande pinéale)」といった器官も用いながら精神と身体との結び付きについて詳細にデカルトが語ったのが，周知の通り『情念論』(1649年) である。特にその第 I 部を参照されたい。

を核とする自然学との関連で論じてきた。これらがどのように密接に結びついているかは前節までで確認できたと思う。ただしデカルトの観念説はそのような自然学との関係だけで語り尽くせるものではないのは周知の通りである。たとえば本章第2節や第3節で形而上学の文脈での「観念」について多少言及したが、『省察』の叙述で確認できるように、「観念」という術語は精神の外との関係が一旦絶たれる第3省察において初めて現れている。この場合、精神としての「考える私」以外の存在はまだ確言できず、「観念」もその存在様式としては精神の様態にすぎない（「観念」の質料的側面）。むろんデカルトは第3省察において、精神としての「考える私」の外の存在について、精神の様態である「観念」を手がかりにしつつ、まず神の存在証明を遂行し、さらにそのあと、第5省察や第6省察において、物質的事物の存在を確証していく。ただ、のちのバークリ（George Berkeley, 1685–1753）のように、心の内の「観念」を手がかりにして、心的実体の存在のみを認め、物質的実体の存在を否定する論証を行う者も現れる（第3章第2節参照）。そのような議論の萌芽の一つは、デカルトの徹底した方法的懐疑の手法に存するかもしれない。

　また上記のような第3省察から第6省察までの論証の結果デカルトは、「私が思惟するものであって延長するものではないという限りにおいて、私自身の明晰かつ判明な観念を持っており、他方では、身体が延長するものであって思惟するものではないという限りにおいて、私は身体の判明な観念を持っているから、私が私の身体から実際に区別されたものであって、身体なしに存在しうるということは、確実なのである」（AT, VII, 78）、と結論付けている。ここではまさに精神と身体（物体）についての明晰かつ判明な「観念」を手がかりにして（デカルトは上記の引用箇所の直前で「明晰かつ判明に私が理解するもののすべては、私がそれらを理解しているとおりのものとして、神によって作られうる」(ibid.) と述べている）、思惟するもの・精神としての「私」が、延長するものとしての身体・物体と異なる実体として明確に分かたれることになる（いわゆる心身二元論）。このようにして心身の実在的な区別がなされ、また延長することを本質とする物体的事物が純粋数学の対象であると確定されたことにより、デカルトは物体的事物・自然を数学的・機械論的に説明したわけである。

　このような議論は粒子仮説を軸とする新しい自然学の展開にとって有効なものであろうが、本章でも指摘しているように、このような結論そのものに至る議論の前提として、「対象」・「観念」・「思惟（あるいは精神）」という三つ組み、つまりわれわれの外にある対象（物体）が実在し、そして観念なるものはその対象が原因となっ

て，われわれの思惟（あるいは精神）の内に生じるものである，という構図は必要不可欠であるかもしれない。もしそうであれば，「形而上学から自然学へ」と学問を構築していく[15]ための論証としては『省察』の叙述は何かしらの循環を含んでいることになろう（その最たるものが，いわゆる明証性の一般的規則をめぐる「デカルトの循環」という問題である（第6章第2節参照）[16]）。また上記のような心身二元論は，明確に異なる実体として区別された精神と身体（物体）がどのようにして関係し合うのかという問題（いわゆる心身問題）を引き起こすことになり，周知の通りこの問題も後世，さまざまな形で議論されることになる。

　また本章ではデカルトが「対象」と「観念」との間には必ずしも類似関係があるわけではないと強調している点に注目し論じてきたが，すべてにおいて類似関係がないと断言しているわけではない[17]。たとえばのちにロック（John Locke, 1632-1704）が一次性質の観念（ものの大きさや延び広がりや形などの観念）と二次性質の観念（ものの色や香りや味などの観念）を区別して論じているように（第2章第1節，第3章第1節を参照）[18]，デカルトもすでにそれに相当するような区別について言及している。たとえばデカルトは『哲学の諸原理』（1644年）第Ⅰ部第68節以降で，われわれが明晰に認識するものと不明瞭に認識してしまうものとの区別について論じている。特にここで論じられているのは，われわれが自らの内に経験するようなものが自らの外に存在すると判断してしまうことについてだが，大きさや形や運動や位置や持続や数といったものが物体において実際にいかなるものであるかは，色や苦痛や香りや味とかいったものが物体において実際にいかなるものであるかよりも，はるかに明証的に知られる，とデカルトは強調している（AT, VIII-1, 33-4）。また第Ⅱ部第1節では，「物質の観念はわれわれの外にあってその観念とまったく似ている事物か

---

15) たとえば周知の通り，デカルトは『哲学の諸原理』（1644年出版［ラテン語］，仏訳は1647年出版）の仏訳の序文において，「哲学全体は一本の樹のようなものであって，その根は形而上学であり，その幹は自然学であり，この幹から出ている枝は諸々の学問すべてであって，これらは三つの主要な学問，すなわち医学と機械学，道徳とに帰着する」（AT, IX-2, 14）と述べている。

16) この点については，前掲拙著第Ⅱ部第1章で詳細に論じたのでそちらを参照されたい。また拙論「『省察』における「分析」概念——「方的懐疑」と「蜜蝋の分析」」（『思想』（岩波書店），1113号（2017年），25-45頁）においても第1省察や第2省察での論証構造の妥当性を批判的に論じた。

17) この点については，次の文献において詳しく論じられている。Keith Allen, 'Mechanism, Resemblance and Secondary Qualities: From Descartes to Locke', *British Journal for the History of Philosophy* 16(2), 2008: pp. 273-291.

18) ジョン・ロック『人間知性論』第Ⅱ巻第8章第23-26節参照。

らやってくるということを明晰に見て取ると思われる」(AT, VIII-1, 41) とも述べて
おり，ここでは限定的にある特定の「対象」と「観念」との類似関係を強調してい
る。このような「観念」と「対象」との類似／非類似の議論も，粒子仮説を軸とす
る自然学の構築に大きな役割を果たしているのだろう。

　デカルトの観念説は形而上学の文脈で語られることが多いが，本章では特に自然
学の文脈における観念説に注目し論じてきた。本章で確認できたようにデカルトの
観念説はこの当時の新しい自然学の要となる粒子仮説との関わりが深く，本章第3
節で指摘したように，形而上学におけるデカルトの論証も，粒子仮説を前提とした
認識理論に論理的には依存していると言えるだろう。また『省察』の論証の流れか
らすると，観念説を土台にした論証の果てに，粒子仮説的な自然学が成立していく
構図となっており，その点ではデカルトにおいては彼の観念説と粒子仮説とは相互
依存の関係にあるのかもしれない。

　本章で論じてきたように，近代的な観念説と粒子仮説の導入によって，自然世界
のとらえ方は素朴実在論的なもの（五感で認識されるものがそのまま自然世界に存在し
ているという見方）を脱し，数学的・機械論的自然学が構築され，洗練され，現代の
自然科学へとつながっていくことになる。他方デカルトをはじめとする，観念説を
核とする認識論によって自然学を基礎付けるという近世以降の哲学者たちの試みに
ついては，その成否には賛否があると考えられる。しかしながらデカルトの説をそ
の発端の一つとする種々の観念説・観念論（そのいくつかは本書の他の章で確認でき
るだろう）は，特に認識論やその当時の自然学の発展に大きな影響を与えたし，単
に五感でとらえる日常的な世界ではなく，その背後に潜む新たな世界のとらえ方の
可能性を押し広げたことは確かである。

第 2 章

古典的経験論と自然主義[1]
クワイン＝ロック的な自然主義的視点の検討

冨田恭彦

　ウィラード・ヴァン・オーマン・クワイン（Willard Van Orman Quine, 1908-2000）は，「経験論の五つの里程標」の中で自らの経験論の立場を論じるにあたり，古典的経験論から五つの方向転換を経たものとしてそれを説明している。彼は論文冒頭で次のように述べている。

　　経験論は，過去 2 世紀の間に，5 回にわたってよりよい方向へと舵を切り直した。一つ目は，観念から言葉への方向転換である。二つ目は，意味論的焦点を名辞から文へと移したことである。三つ目は，意味論的焦点を文から文のシステムへと移したことである。四つ目は，モートン・ホワイトの言葉を借りれば「方法論的一元論」——つまり，分析／総合の二元論を捨てたこと——である。五つ目は，自然主義——つまり，〈自然科学に優先する第一哲学〉という目標を捨てたこと——である[2]。

　このクワインの図式では，自然主義は最後に登場する。しかし，私見によれば，自然主義はすでに最初から経験論の根幹をなしており，『人間知性論』（1689 年）に見られるジョン・ロック（John Locke, 1632-1704）の認識論は，この性格を端的に示していた。しかも，クワインが自らの論著でたびたび言及している「自然科学に優

---

1) 本章は，『人間存在論』第 21 号（2015 年）に掲載されたものを加筆の上再録したもので，2007 年 3 月 28 日に同志社大学寒梅館ハーディーホールで行われた日本イギリス哲学会第 31 回研究大会シンポジウム II「古典経験論と分析哲学」の第一報告をベースにしている。非会員である筆者をご招待くださったことに対し，日本イギリス哲学会のみなさまに心より御礼を申し上げる。

2) W. V. Quine, "Five Milestones of Empiricism," in idem, *Theories and Things* (Cambridge, Mass.: Harvard University Press, 1981), pp. 67-72 at p. 67.

先する第一哲学」というのは，ルネ・デカルト（René Descartes, 1596–1650）が主張
したタイプの第一哲学のことであるが，そのデカルト自身の考えを詳細に検討する
と，そこにもまた，「自然科学に優先する第一哲学」というデカルトの公式的主張
とは裏腹に，自然主義的論理を見て取ることができる（第 1 章第 3 節および第 4 節参
照）[3]。つまり，近代の経験論はもともと自然主義的であったというのが私の主張な
のだが，それはいわゆる「経験論」の特徴というよりも，デカルトがその新たな用
法を確立していった「イデア（観念）」を核とした考え方，つまり，のちに「観念説
（theory of ideas, ideal theory）」と呼ばれることになったものの特徴であったと考えら
れる。ここでは，ロックおよび彼以降のいわゆる「経験論」を中心に，話を進める
ことにする。

　まず，クワインとロックの関係を念頭に置き，ロックの認識論がクワイン的な
意味で自然主義的性格を有するものであったことを概観する。そして，続く数節で，
その視点からすればジョージ・バークリ（George Berkeley, 1685–1753）やデイヴィッ
ド・ヒューム（David Hume, 1711–1776）やイマヌエル・カント（Immanuel Kant, 1724
–1804）がどのように見えるかを論じる。カントはもちろん，イギリス経験論に属す
る哲学者ではないが，カントの認識論の構図は，ロックとは性格を異にする部分を
多々持ちながら，ある意味できわめてロック的である。したがって，カントの見解
をクワイン＝ロック的な自然主義的視点から見直すことにはしかるべき意味があり，
しかも，それによってある興味深い事態が浮かび上がってくると，私は考えている。

1　ロックの自然主義

　ロックの観念説は，「物そのもの」，「観念」，「心」の三項からなる枠組みを持っ
ている。観念にはさまざまな種類のものがあるが，今，感覚の観念，つまり，感覚
によって得られるとされる色や味や形や大きさなどの観念に話を限定すると，そ
うした観念は，心の外に存在する物体，ロックがときおり「物そのもの（Things
themselves）」と表現するものと，ある種の因果関係を持っている。つまり，そうし

3）この件については，冨田恭彦『アメリカ言語哲学の視点』（世界思想社，1996 年）第 2 部第 1 章，
　同改訂増補版『アメリカ言語哲学入門』（ちくま学芸文庫，2007 年）第 3 部第 7 章，Yasuhiko
　Tomida, "Descartes, Locke, and 'Direct Realism'," in Stephen Gaukroger, John Schuster and
　John Sutton (eds.), *Descartes' Natural Philosophy* (London: Routledge, 2000), pp. 569–575, お
　よび冨田恭彦『デカルト入門講義』（ちくま学芸文庫，2019 年）第 4 章を参照されたい。

た観念は，物そのものからなんらかの刺激が感官に与えられ，それが運動の形で脳にまで伝達された結果，それに対応してわれわれの心の中に生み出されるというのである。こうして心の中に生み出される観念こそが，ロックによれば，感覚的知覚におけるわれわれの心の「直接的対象」である。

ロックは粒子仮説を最良の仮説として受け入れており，そのため，物そのものは，いわゆる一次性質と，それにもとづく能力のみを有する微小粒子の一つひとつ，もしくはその集合体と見なされる。そして，物そのものは，心の直接的対象とはならず，心の直接的対象である観念が，それを間接的に表わすとされる。

ロックのこの三項関係的図式，つまり，物そのもの，観念，心からなる図式は，古くから多くの人びとが，これを懐疑論的なものと見なしてきた。観念が心の直接的対象であるのなら，物そのものの存在や在り方がどうして分かるのか，というわけである。観念は，物そのものと心とを隔てるヴェールと見なされ，そのため，彼の観念説は，「知覚のヴェール説」とか「観念のヴェール懐疑論」とか呼ばれることになった。しかし，このような解釈は，ロックの観念説の基本的性格を根本的に見誤ったものと言わなければならない。そこには，なによりもまず，「仮説」についての理解が欠落している。

議論の便宜上，われわれが日常「物」と見なしているものを，「経験的対象」と呼ぶことにする。ロックの言う粒子仮説的な「物そのもの」が色や味や匂いなどを持っていないのに対して，われわれが日常的に「物」と見なしているものは，形や大きさなどの「一次性質」のみならず，色や味や匂いなども持っている，と通常考えられている。この経験的対象の織りなす諸現象を説明するのに，直接的には知覚不可能な，一次性質と能力のみを持つ粒子を，経験的対象のいわば向こう側に措定するのが，粒子仮説，およびその原型である古代の原子論の基本的発想であることは，言うまでもない。つまり，経験的対象に対して，新たにあるタイプの「物そのもの」をその向こう側に措定することが，粒子仮説の基本である。

こうして，新たな「物そのもの」が措定されると，それに応じて，従来「物」と見なされていた「経験的対象」は，その地位を変更しなければならない。経験的対象は，知覚されるさまざまな性質の集合体であり，その諸性質は，新たに措定された「物そのもの」からの触発を感官が受けた結果，知覚されるものと見なされることになる。ロックは，こうした種類の〈心が直接知覚するもの〉を，他のすでに内的とされてきた痛みなどとともに，心の内なる「観念」として扱う道を選んだ。従来外的な経験的対象であったものは，こうして，単純観念からなる複合観念の一種であ

る「実体」の複合観念とされ，心の中に存在するものとして扱われることになる。

　したがって，新たな物そのものが措定され，経験的対象が観念へとその地位を変更することによって形成される，ロックの観念説の三項関係的枠組みは，当代自然科学の仮説的探求の結果にほかならない。それは，科学理論に求められる諸現象の，説明可能性を満たす試みの結果として，成立したものである。これを懐疑論的と見なすことは，直接知覚しえないものを措定するという理由でもって，仮説的方法を退けることにほかならない。この見方からすれば，現代の原子仮説などもまた，懐疑論的営みとして退けざるをえなくなる。ロック解釈者に，仮説による方法を科学の重要な方法としてとらえる視点があるのなら，彼の観念説を「知覚のヴェール説」や「観念のヴェール懐疑論」として否定することは，そもそもできなかったはずなのである。

　ロックの観念説のこうした特徴は，ドナルド・デイヴィドソン（Donald Davidson, 1917–2003）のクワイン批判を取り上げることによって，若干異なる角度から論じることができる。クワインは，『言葉と対象』（1960 年）に典型的に認められるように，「観察文」および「理論」に関する問題を考察するにあたり，「体表刺激」（体の表面にある感覚受容器に対する刺激）との関係においてそれを行おうとした。いわゆる「近位説（proximal theory）」である[4]。これに対して，デイヴィドソンは，証拠として機能するものを，身体表面よりももっと遠くに，つまり外部の物や出来事に位置づけるとともに，クワインの近位説を，懐疑論的立場として批判した。体表刺激が同一でも，それと対応する外界の物や事象が同一であるという保証はなく，体表刺激に依拠するのでは，外界の在り方は一意的に決まらない，と言うのである。そして，

　　クワインの自然主義が外的状況と刺激との間に想定する因果的結合は，もしわれわれが近位説に固執するなら，われわれが公共的世界について概して正しい見解を持っているということすら，保証しない[5]

と言う。

　しかし，クワインが観察文や理論の問題を考察するのに体表刺激を選ぶとき，彼

---

4) クワインの「近位説」については，Yasuhiko Tomida, "Quinean Duality and Naturalism," in idem, *Quine, Rorty, Locke: Essays and Discussions on Naturalism* (Philosophische Texte und Studien, 95; Hildesheim, Zürich and New York: Georg Olms, 2007), pp. 3–22 at pp. 5–7 を参照されたい。

は，体表刺激がわれわれの直接的対象であるという理由から，そうしたわけではない。クワインの自然主義が言うように，外界から，刺激がわれわれの体表に与えられており，その結果としてわれわれは外界に関するさまざまな理論を持つようになるということを，科学がわれわれに示している。外的事物があり，体表刺激がそれとの関連においてあり，その体表刺激との関係において，外界に関するわれわれの見解が形成されるという，われわれを含む世界の全体像が，そこにはすでに与えられている。その全体像の構成要素である体表刺激を，クワインはあるプラグマティックな理由から，科学に関する自らの考察において取り上げたまでのことである。クワインにとっては，体表刺激が外界の他の構成要素とどのように関わっているかは，かなりの程度においてすでに科学が示すところであり，その前提のもとに，彼は体表刺激と理論との関係を考察する。したがって，近位説を採ることによって，懐疑論や相対主義に陥ることになるという反論は，クワインの自然主義の基本的性格を見誤っていることになる[6]。

　ロックの観念説の場合もこれと同じである。ロックもまた，新たな世界像の導入を前提した上で，改めて「知識」や「意見」を，（彼の場合は）われわれにとって直接認知できる「観念」との関係において，再考しようとしている。世界の仮説的考察が先行した上での観念説である以上，心の内なる観念をわれわれの直接的対象としたからといって，懐疑論の立場を採ったことになるわけではない。したがって，クワインの近位説の場合同様，これを懐疑論として退けるのは，ロックの認識論的考察の持っている自然主義的枠組みの基本をとらえていないからだと言わなければならない[7]。

　基礎づけ主義者には，こうした考察は，ロックやクワインの自然主義の問題性を，一層鮮明にするものと映るであろう。先行する科学的知見を前提として科学を解明

---

5) Donald Davidson, "Meaning, Truth and Evidence," in Robert Barrett and Roger Gibson (eds.), *Perspectives on Quine* (Cambridge, Mass.: Blackwell, 1990), pp. 68–79 at p. 74.

6) この件に関する私とクワインとの間での議論については，1992年6月3日にハーバード大学エマソンホール201で行ったインタビューの記録（Tomida, *Quine, Rorty, Locke*, p. 155ff. 邦訳は『思想』1993年825号「ある経験論的自然主義者の軌跡――クワインとの対話」4頁以下）を参照されたい。

7) 以上のロック解釈の詳細については，Yasuhiko Tomida, *Idea and Thing: The Deep Structure of Locke's Theory of Knowledge*, in Anna-Teresa Tymieniecka (ed.), *Analecta Husserliana*, 46 (Dordrecht: Kluwer, 1995), pp. 3–143; Yasuhiko Tomida, "Locke's Representationalism without Veil," *British Journal for the History of Philosophy*, 13 (2005), pp. 675–696 を参照されたい。

することが持つ「循環」という在り方を，それは明確に描き出すように見えるからである。けれども，こうした見方を当然のように思うのは，基礎づけ主義を自明のことと見なすからだと思われる。クワインが，背景言語と，それと密接に関わる背景理論の問題を意識していたように，われわれは基礎づけの営みそのものが前提しているものに，もっと敏感でなければならない。基礎づけ主義の古典的事例と見なされたデカルトも，すべてを疑ってゼロから始めようと試みるとき，すでに用いていた言語と，それと密接に結びついていた理論の一部と，自らの自然科学者としての基礎的知見を，その試みの中で使用せざるをえなかった[8]。デカルトが十分に意識していたとは思われない基礎づけ主義のこの問題性に，基礎づけ主義者自身が注意を払うなら，先に述べたロックやクワインの自然主義に対しても，異なる判断がなされることになろう。

2 バークリ再考

　ロックの経験論がもともと自然主義的であったという点については，以上で話を終えることにして，次に，これを前提すれば，バークリの immaterialism（ここでは「物質否定論」と訳しておく。第3章第2節参照）がどのように見えるかを，次に見ることにする。

　経験的対象とは異なるタイプの物を，新たに「物そのもの」として措定することにより，経験的対象が，「観念」として，他の内的なものとともに心の中に位置づけられたとすれば，バークリが，いくつかの理由から，ロック的な「物そのもの」の存在を否定しながら，経験的対象を相変わらず「観念」として扱い続けるのは，論理的に妥当性を欠くものと言わなければならない。しかも，そもそもバークリは外的な物の存在を認めないにもかかわらず，彼が『ハイラスとフィロナスの三つの対話』（1713年）で提示した〈われわれの感覚の対象〉が〈心の中の観念〉にほかならないとする三つのタイプの議論は，すべて，心の外に物が存在することを前提とした議論であった。その一つ，私が「快苦との同一視による議論」と呼んでいるものは，程度の高い熱さや冷たさを痛みと同一視することにより，それらを心の中の観念と結論づけるものであるが，そこでは，痛みが際立って内的な，心の中の存在であることが自明のこととされており，そうした心の中と対照をなす心の外の存在が

8）デカルトのこうした点については，注3に挙げた文献を参照されたい。

当然視されつつ，議論が進んでいる[9]。

　バークリの物質否定論は，この意味で，論理の歪みがあると私は考えているが，それとともに，バークリの見解には，もう一つの問題がある。それは，彼の心像論的観念理解である。

　バークリは，観念を広義における「心像」，つまり「感覚」ないし狭義の「心像」として扱っている。そして，このような心像論的観念理解をベースに，いわゆる「似たもの原理」，一次性質／二次性質の区別に対する批判，マスター・アーギュメント，等を用いて，物質否定論を展開した。たとえば，観念を心像的なものとしてとらえる限り，色のついていない視覚的な形を思い浮かべることは，われわれにはできない。これが，『人間の知識の諸原理についての論考』（1710 年）「序論」で彼が展開した抽象観念説批判の一つの適用事例であることは，言うまでもない[10]。

　確かに，ロックの言う観念は，心像的なものを含んでいる。しかし，ロックは同時に，概念的なものをも，観念として扱っている。そして，これが重要なのだが，ロックが彼の観念形成説に従って自らの「物そのもの」の「観念」を形成するとき，その形成過程がまさに概念操作の過程であったことを，われわれは忘れてはならない。

　この点については，すでにさまざまな機会に論じているので[11]，ここでその結論だけを示せば，要するにロックが「物そのもの」と言っているものは，われわれの感覚の対象とはならないものであるから，それはたとえば，「一次性質のみを有する微小粒子」といったように，概念的に考えるしかない。ところが，バークリは，ロック的な「物そのもの」をあくまで心像的なものとして扱い，その上で，その不可能性を示そうとするのである。

　ちなみに，ロックの「物そのもの」の観念は，経験的に獲得された概念的観念を組み合わせて形成される観念の一つと考えられるものであるが，こういう言い方を

9) この件については，また，冨田恭彦『観念論の教室』（ちくま新書，2015 年）189-190 頁，冨田恭彦『バークリの『原理』を読む──「物質否定論」の論理と批判』（勁草書房，2019 年）247-248 頁を参照されたい。

10) この件については，冨田『バークリの『原理』を読む』17 頁以下，および，Yasuhiko Tomida, "Locke and Berkeley on Abstract Ideas: From the Point of View of the Theory of Reference," *Philosophia*, 50 (2022), pp. 2161-2182, open access, https://doi.org/10.1007/s11406-022-00506-y を参照されたい。

11) Yasuhiko Tomida, "Locke, Berkeley, and the Logic of Idealism," *Locke Studies*, 2 (2002), pp. 225-238; idem, "Locke, Berkeley, and the Logic of Idealism II," *Locke Studies*, 3 (2003), pp. 63-91, 冨田恭彦『観念説の謎解き──ロックとバークリをめぐる誤読の論理』（世界思想社，2006 年）第 2 章，第 3 章，第 5 章，冨田『バークリの『原理』を読む』第 7 章「バークリの抽象観念説批判・再考──心像論的「観念」理解が無視したもの」を参照。

すると，「物そのもの」が「観念」と同一視されていると誤解する研究者がいるので，若干それに触れておきたい。

概念としての観念には，ある謎めいた性格がある。この謎めいた性格は，デカルトがよく承知していた。彼は，中世的語法である「表現的実在性（realitas objectiva）」という言葉を用いて，観念が心の在り方（modus）でありながら，それは同時になにかを表すものであることを示そうとした。物そのものについて考えるとき，メタレベルの言い方をすると，その場合われわれは「物そのもの」の観念を扱っていることになるわけであるが，その「物そのもの」の観念は，観念である限りにおいて心の在り方でありながら，観念の表す「物そのもの」は，その観念自身が内的なものであるのに対して，「心の外」にあるものととらえられている。バークリは観念を感覚や心像として理解しようとするので，彼自身が「物そのもの」の概念つまり「物質」の概念に言及する場合には，「観念（idea）」という言い方は避け，代わりに「思念（notion）」という表現を用いる。おもしろいことに，バークリは，観念は感覚や心像であるがゆえに心の中にしかありえないとしながら，「思念」に関しては，それ自身が心の在り方であるとしても，それが表すものが心の中にしかありえないわけではないと考えている。

これが典型的に示されるのは，「神」に関する彼の議論である。神はわれわれには心像としては現れない。もしそうなら，異端的な神観念を持っていることになるからである。神は，言うならば，概念的に考えるしかない。しかし，だからといって，神はわれわれの心の中にしかありえないという結論を，彼はけっして持ち出したりはしない[12]。

とすると，バークリがロック的な「物そのもの」——つまり彼の言う「物質」——を，概念的に扱ったとしたら，いかなる物質を考えようと，〈それは想像力の対象である心像的な観念でしかなく，したがってそれは心の中にしか存在しえない〉という彼の議論は，その場合には適用できなかったに違いない。

こうしてわれわれは，バークリの議論がロック的な観念語法をどのように歪めて成立したかを確認することができる。いずれにせよ，自然科学の仮説的探求の結果，物そのものの新たな措定が促され，それと連動して「観念」語法が成立したにもかかわらず，バークリは，観念語法を維持しつつ，その基盤となる物質措定を拒否し

---

12)「思念（notion）」に関する以上の議論については，Tomida, "Locke, Berkeley, and the Logic of Idealism II," pp. 81-86 を参照。

たのである。

3　ヒューム再考

　次に，こうした視点からすればヒュームがどのように見えるかを，見ておくことにする。

　繰り返すが，もともと観念は，新たな「物そのもの」の措定と連動して，その機能を獲得した。ところが，バークリはそうした「物そのもの」を否定しながら，「観念」語法を維持した。似たような事態は，ヒュームについても見て取ることができる。

　ヒュームが，バークリの語法を変えて，バークリ的「観念」を「印象」と「観念」に区別したことは周知のことであるが，そのヒュームの場合も，物そのものとの関係を一旦断ち切って，もっぱら「印象」と「観念」の側から話をすることが許されるかのような，論の進め方をした。その典型的な結果が，あの懐疑論である。印象や観念と外的な物との関係を一旦断ち切った上で，印象や観念から考え始めると，われわれの印象や観念が物とどのように関わっているかは，定かではなくなる。

　ここでわれわれは，デイヴィドソンのクワイン批判をもう一度思い起こすのがいいかもしれない。デイヴィドソンは，体表刺激から話を始めるのなら，その彼方の物がどうあるかが定まらないとクワイン的な近位説の立場を批判したが，これは，観念がわれわれの心の直接的対象であるのなら物がどうあるか分からないではないかというお決まりの観念説批判と，まったく軌を一にしている。もともとクワインの体表刺激もロックの観念も，その外にある物との関係において意味をなしていた。それらとの関係を無視した上で懐疑論的結論を引き出すのは，けっしてフェアなやり方ではない。

　ヒュームについては，彼の因果の考え方がロックによってどのように準備されたかという興味深い問題があるが，これも別の機会に論じたので [13]，ここでは割愛する。

　ともあれ，このように，ロック的な自然主義——つまり粒子仮説という科学的発想に従って観念語法を導入したこと——が，バークリとヒュームによる論理の不当

13）この件については，Yasuhiko Tomida, "Ideas Without Causality: One More Locke in Berkeley," *Locke Studies*, 11 (2011), pp. 139–154 at pp. 143–148 を参照。

な歪曲によって崩壊していく過程として，私は歴史を見ようとしている。この線を
さらに延長すれば，われわれはカントに行き着くことになる。

4　カントの場合

　ロックの「物そのもの」が，仮説的探求という科学的探求の対象としての地位を
持つのに対して，カントの「物自体」は，徹底して，われわれには不可知であると
されている。とすると，そもそも不可知なものが，なぜ存在するとされなければな
らないのか。この点は，カントの問題として，古くから指摘されてきたところであ
る。カントにとって，われわれが空間中の物と見なしているものとそれが持つ諸性
質が，「われわれの中」にある「表象」（カントにおける「観念」の別名）でしかない
ことは当然のことであり，しかも，そうした表象としての現象は，自体的に存在し
ているなにかを必然的に要請する，とされる。つまり，われわれが知覚している世
界は表象の世界であり，しかもその背後に物自体が存在している，というわけであ
る。しかし，こうした考えは，それに先行するデカルト・ロック流の観念説の見解
がなければ，理解しえないものであったに違いない。カントの物自体は，この意味
で，ロック的「物そのもの」の変質の結果であり，したがってそれは，ロック的な
観念の自然主義的論理の下敷きなしには，本来意味をなさないものであったと考え
られる。

　ロックの「物そのもの」が粒子仮説という「仮説」にもとづいて措定されていた
ことを考えると，「物自体」を認識不可能とするカントは，少なくとも感官を触発す
るものについては，仮説的思考を禁じたことになる。ロックの場合には，「物その
もの」は仮説的に措定されたものであり，しかも彼は仮説的思考を容認する立場を
採っているのであるから，その限りにおいてそこにはなんら論理的困難はない。し
かし，カントが，このもともとの「物そのもの」を，認識不可能なものとしてとらえ
直すとき，そこに論理の歪みが生じる。認識不可能なものの存在をなぜ主張できる
のかという，カントに対して古くから投げかけられてきた疑念は，その意味で，当
然のものであった。しかし，なぜカントは，そうしたとらえ直しを行ったのか。私
見によれば，その最大の原因は，カントの学問観，とりわけ，自然科学に関するそ
れにあったと考えられる。

　イギリスでは，すでに 17 世紀の半ばには，今日の言い方での「科学」の蓋然的性
格について，学者の間でコンセンサスが成立しようとしていた。これは，ロジャー

ズをはじめとする研究者が，すでに確認したとおりである[14]。これに対して，カントは「アプリオリな総合判断」の実例を，数学とともに，自然科学にも求めたことから分かるように，科学は，少なくともその核心部分において，明証必然的性格を持たなければならないと考えた。この考えは，『純粋理性批判』（第1版1781年，第2版1787年）ばかりでなく，それとほぼ同時期の『自然科学の形而上学的基礎』（1786年）にも見出される。たとえば彼は，次のように言う。

　　合理的自然学は，その中において基本をなす自然法則が，アプリオリに認識され，単なる経験法則ではない場合にのみ，自然科学の名に値する[15]。

　こうしたカントの学問観からすれば，彼がアプリオリな総合判断の可能性を論じる枠組みの基礎となる部分に，仮説的に措定されるものを用いることは，考えられない。事実，カントは，『純粋理性批判』第1版「序文」の中で，次のように述べている。

　　確実性に関して言えば，私は自分自身に次のような判決を言い渡した。すなわち，この種の考察においては，憶測は許されず，そこでは仮説に似ているだけですべて禁制品となり，どれほどの安値であっても売りに出すことは許されず，見つけ次第差し押さえなければならない，と。なぜなら，アプリオリに確定されるべきあらゆる認識は，まったく必然的であると見なされることを欲するとそれ自身告げており，すべての明証必然的（哲学的）確実性の基準であるべき，したがってその手本ですらあるべきすべてのアプリオリな純粋認識の規定は，なおさらそうだからである[16]。

　しかし，その一方で，外なるものの存在がなければ，内なるものの，「内なるもの」としての性格を確保することができないばかりでなく，自らの立場が，バーク

14) G. A. J. Rogers, "Boyle, Locke, and Reason," *Journal of the History of Ideas,* 27 (1966), pp. 205–216 at pp. 214-215; M. J. Osler, "John Locke and the Changing Ideal of Scientific Knowledge," *Journal of the History of Ideas,* 31 (1970), pp. 3-16 参照。

15) Immanuel Kant, *Metaphysische Anfangsgründe der Naturwissenschaft,* in *Kant's gesammelte Schriften* (Berlin: Georg Reimer/Walter de Gruyter, 1900–), iv. p. 468.

16) Immanuel Kant, *Kritik der reinen Vernunft,* ed. Jens Timmermann (Philosophische Bibliothek, 505; Hamburg: Felix Meiner, 1998), A XV, p. 10.

リの観念論と同一視されてしまうことになる。しかも，「アプリオリな総合判断」の可能性を確保するためには，それに必要な感性の純粋形式と，純粋知性概念とを，すべてデカルト的な直接的確実性の及ぶ圏域（つまり心の中）に，取り込む必要があった。その結果が，物自体に対する「認識不可能性」という性格づけであった。

　カントがこの作業を行うとき，ロックの枠組みについて彼が感じていた問題を念頭においていたであろうことは，次の断片からも推し量ることができる。

　　ロックは〔……〕これらの概念に到達する機会，すなわち経験を，〔それらの〕起源と見なすという誤りを犯した。にもかかわらず，彼はまたそれらを経験の限界を超えて使用した[17]。

『人間知性論』のロックの発言の中で，彼が経験から得た概念（観念）を「経験の限界を超えて使用した」と言えるものには，知覚不可能な粒子としての物そのものを仮説的に措定する際に，経験から得た観念をそれに適用する場合が含まれる。今引用したカントの言葉は，ロックの措置を非難するものであるが，それからすれば，カントが物自体の存在を認めるとしても，自分が経験にのみ正当に適用されるとした諸規定を物自体に適用することができないのは，当然のことである。

　カントが物自体を認識不可能としたことは，ロックが物そのものについては「知

---

17) Immanuel Kant, *Handschriftlicher Nachlaß: Metaphysik*, in *Kant's gesammelte Schriften*, xviii. p. 14, no 4866.

18) これについては，Yasuhiko Tomida, "Theory of Reference in the Time of Natural History," in idem, *Inquiries into Locke's Theory of Ideas* (Philosophische Texte und Studien, 62; Hildesheim, Zürich and New York: Georg Olms, 2001), pp. 153–166 at pp. 157–160 を参照されたい。

19) 私のこうしたカント理解については，Yasuhiko Tomida, "Locke's 'Things Themselves' and Kant's 'Things in Themselves': The Naturalistic Basis of Transcendental Idealism," in Sarah Hutton and Paul Schuurman (eds.), *Studies on Locke: Sources, Contemporaries, and Legacy* (International Archives of the History of Ideas, 197; Dordrecht: Springer, 2008), pp. 261–275, 冨田恭彦『カント哲学の奇妙な歪み――『純粋理性批判』を読む』（岩波現代全書，2017 年）第 1 章および第 2 章，冨田恭彦『カント批判――『純粋理性批判』の論理を問う』（勁草書房，2018 年），Yasuhiko Tomida, "Kant's Categories of Quantity and Quality, Reconsidered: From the Point of View of the History of Logic and Natural Science," *Philosophia*, 50 (2022), pp. 2707–2731, open access, https://doi.org/10.1007/s11406-022-00563-3 を参照していただければ幸いである。

20) ロックとクワインに関するローティのこの見方の一端は，1995 年 8 月のローティの手紙に見られる。Tomida, *Quine, Rorty, Locke*, p. 86 参照。

識」がきわめて限られているとしたことに，呼応している。今日では，仮説的探求の成果が蓋然的なものでしかないにもかかわらず，その蓋然性の度合いは，一般にきわめて高いと考えられている。しかし，ロックの時代の仮説的探求の状況からして，ロックは仮説的方法の有用性を認めつつも，その成果に対しては，控えめな発言をせざるをえなかった[18]。カントは先の絶対的確実性を科学に求める傾向により，仮説的探求に対するロックのこの控えめな評価を徹底させ，そのこともまた，物自体の認識不可能性の見解を支えるものとなったと思われる[19]。

5　結　　論

　以上，もともと自然主義的性格を持っていたロック的枠組みがどのようにして変質して行ったかを，概観してきた。カントの表象説に関する議論は付け足しであるが，いずれにせよ，経験論がもともと自然主義的性格のものであり，それがいくつかの仕方で変質していったという私の見方の基本は，理解されたものと思う。この見方は，ロックはクワインが思っていた以上にクワインに近かった，ということを示そうとするものでもある。認識論そのものを否定しようとするリチャード・ローティ（Richard Rorty, 1931–2007）は，だからロックもクワインも，不要なものに無駄にエネルギーを使ったことになる，と言うのだが[20]，認識論が科学の延長線上に成立したとすれば，そうした営みが無駄かどうかは即断できないだろうというのが，ローティに対する私の回答である。

第3章

バークリとリード

常識を巡って

戸田剛文

　本章では，近代の哲学者であるバークリ（George Berkeley, 1685-1753）とリード（Thomas Reid, 1710-1796）を中心に，その哲学と常識の関係を取り扱う。バークリは，ロック（John Locke, 1632-1704）の観念説を，観念論へと転換させた哲学者として知られている。そして，リードは，ヒューム（David Hume, 1711-1776）に至る観念説を批判した哲学者として知られている。しかし，両者には一つの共通点がある。それはしばしば両者が常識というものを非常に重視しているかのように見える主張をする点である。しかし，本章では，両者の間で常識の扱い方が大きく異なることを見てみたい。

　バークリは，イギリス経験論哲学において，順番的にはロックに続く哲学者であると位置付けられている。確かに，バークリはロック哲学の主要概念である「観念」を受け継ぎ，ロックの枠組みを利用しながら，それを批判するという形で哲学を展開した。その点で，バークリが哲学史的にロックの次に位置付けられるのは理解できる。また，バークリは，ロック以上に知識の獲得における経験の地位を重視したとも言える[1]。その意味で，確かにバークリは経験論者であると言えよう。しかし，バークリの哲学が到達したのは，精神以外のすべてのものを心の中の存在にするといういわゆる観念論であった。その結果，バークリの哲学は，非常に常識から隔たったものであるものとして理解されたが，興味深いことに，バークリ自身は，自らの立場が，極めて常識に近いものであり，むしろ常識の擁護になるとさえ主張する。

---

1) 本章の議論でも取り上げられるが，バークリは感覚的な知識をロック以上に確保しようとしたとも言える。

バークリの哲学をはじめ信奉しながらも，ロック，バークリへと至る道が懐疑論に至ることをヒュームによって示されたと考え，むしろそこから袂をわかった哲学者が，スコットランドの哲学者，トマス・リードである。リードは，スコットランド常識学派を代表する哲学者であり，まさしく常識は，リード哲学にとって重要な位置を占めており，20 世紀の G. E. ムーア（George Edward Moore, 1873–1958）の常識擁護の議論などにも大きな影響を与えたと言われている。

先ほど述べたように，リードがバークリから大きな影響を受けていたことを考えるならば，両者のあいだに常識を重視するという共通点があったとしても不思議はない。しかし，私はこの章で，両者の立場を比較しつつ，常識の地位が両者の間で大きく異なることを説明しようと思う。

ただし，両者の立場を知るためには，イギリス経験論の代表者であるジョン・ロックの考えについてまず知る必要がある。第 2 章でも述べられているが，重要な点であると言えるので，ここでもロックの認識論の枠組みも簡単にではあるが解説しておくことにしよう。そこで，まずはロックの認識論的な枠組みを大まかにではあるが見ておくことにしよう。

1 ロックの認識論の枠組み

ロックは，一般的にイギリス経験論と言われる哲学思潮の創始者であると言われている。そして，彼の立場は，「イギリス経験論」という言葉が示すとおり，経験によって知識が獲得されるという立場であると考えられ，その思想はしばしば，心はタブラ・ラサ（白板）であるという言葉で示される。しかし，すでに専門家の間ではよく知られていることだが，ロック自身は，公刊された著作では——特に哲学的代表作である『人間知性論』（1689 年）では——心は白紙（white paper）であると述べている。それはともかく，ロックは，外界から心への作用の結果として，心の中に生じる観念という言葉を頻繁に用いて，その知覚理論を展開しているのである。

ロックの認識論のベースにあるのは，当時の自然科学の粒子仮説である。つまり，世界に実在する物質的なものは，すべて原子や分子といった微粒子からできていて，それがわれわれの感覚器官に作用した結果，その刺激は脳にまで伝わり，脳と何らかの仕方で結びついた心の中に，外界の表象である観念が生み出されるのである。そして，それが感覚の観念であると言われる。もう一つの観念は，われわれが自分自身の心の働きを省みることによって知覚されるものであり，それらは反省

の観念と呼ばれる。これらの観念は，それ自体分割できない単純な観念と，それらの単純な観念が組み合わさった複雑な観念にさらに分類されている。そして，ロックが一般に経験論として呼ばれるのは，これらの観念の究極の起源は，すべて経験であるとされているからである。

　本章では紙面の関係上詳しく説明することはできないが，ロックは，単純な観念については，心は受動的であることを認めるが，その単純な観念をさまざまに組み合わせる能力を心は持っていると言われる。それゆえ，例えばキメラというような，実在しない存在物の観念を心は想像力によって作り出すことができるのである。さらに，このような観念を持つことそれ自体は，ロックにおいては知識とは呼ばれない。知識は，基本的に観念間の関係を知覚することによって生み出されるのであり，それは名辞ではなく命題的な形式をとる。そのようにして生み出される知識は，あくまでも素材でしかない観念から，心が持っている能動的な能力によって生み出されるのであり，ロックにおいて知識が単純に経験から生み出されると考えるならば，それは誤解である。

　さらに，ロックは外界に実在すると考えられている物質（それをロックは物自体と呼ぶ）が持つ性質を二種類のものに分けた。一つは，固性・形・延長・可動性といったものであり，それらは物自体が持ち，いかなるときでも物自体から分離できないようなものである。ロックはこれらを一次性質と呼ぶ。そして，これらの性質がわれわれのような知覚者に作用した結果，われわれは，色や味や香りなどの感覚を知覚するが，一次性質が持つそのような感覚を生み出す能力を，二次性質と呼んだのである。ここで注意しておいていただきたいのは，色や味や香りなどの感覚それ自体が二次性質なのではない。それらはあくまでも心の中の観念であり，そういった観念を生み出す，そして一次性質にもとづいた能力が二次性質なのである。例えば，われわれは四角くて白い紙を見るとする。そのとき，その白さは，物自体が持つ性質ではない。それは物自体の二次性質によって生み出されたものである。また同時に，その紙が持っている四角い形も物自体の一次性質ではない。それはやはり，一次性質の観念なのである。

　そして，ロックにとって知覚の対象とは心の中の観念である。われわれは，その観念を生み出す物自体を知覚することはできない。それは，われわれが通常，知覚する物体が，色や香りや味などの感覚を伴って知覚されるという常識的な信念を採用した結果であろう。さきほどの言葉で言えば，われわれは物自体が持つ性質を知覚することはできない。われわれが知覚できるのは，あくまでも物自体が持つ性質

によって心の中に生み出された観念なのである。

　だが，このようなロックの知覚理論は，懐疑主義に至るのではないかという疑念を引き起こした。われわれが知覚することができるのが，心の中の観念でしかないのならば，われわれはどのようにしてそれらを生み出す物質（物自体）が心の外に実在するということを知ることができるのだろうか。ロック自身，次のような問いを『人間知性論』で立てている。

　　われわれの知識は，われわれの観念と事物の実在性の間に一致がある限りにおいてのみ，実在的である。しかし，その基準とはいったい何だろうか。心は，それ自身の観念以外に何も知覚しないとき，どのようにして観念が事物それ自体と一致することを知るのだろうか[2]。(4・4・3)

　つまり，この言葉から見れば，ロックにとって物が実在することについての知識とは，観念が物自体と一致するときに成り立つと主張されているように見える[3]。しかし，その一致をわれわれはどのようにして知ることができるのかとロックは自ら問いを立てるのである。

　ロック自身の考えについては，ここではこれ以上立ち入ることはないが，このような懐疑主義に一見至るように思えるロックの立場を批判し，懐疑主義を回避しようとした代表的な哲学者が次の節でとりあげるジョージ・バークリである。バークリが懐疑主義を回避するために選んだ道は，観念論への道だった。そしてバークリは，それが常識擁護につながると主張するのである。

2　バークリと常識

　前節で述べたように，当時の自然科学がベースになって組み立てられたロックのような考えが懐疑主義に至るものであると考えられるようになった。そしてこのような懐疑主義を問題視し，それを回避すべく試みた一人が，アイルランドの哲学者ジョージ・バークリである。

---

2) ロックの『人間知性論』参照箇所については，『人間知性論』（巻・章・節）で記している。また大槻春彦［訳］『人間知性論』全4巻（岩波書店）を参照されたい。
3) もちろん先ほど述べたように，ロックは知識を観念間の一致・不一致の知覚にあると主張しているので，このように捉えることには問題があるかもしれない。

　バークリは，知覚の対象ではない物質が心の外に存在することを認めることは，外的な事物に対する懐疑主義へと至ると考えた。そして，外的な事物の存在は，一般には極めて明白にわれわれが知ることができると考えられているが，もしもそういった平明な事物の知識をわれわれが持つことができないということになると，より崇高で難解な存在――その究極は神の存在――を人びとは疑うことになるということを，バークリは危惧したのである。

　バークリが，物質主義が導くと考えられた懐疑主義を避ける方法は，心の外の物質と心の中の観念という二重構造を放棄し，心の中の観念だけを（精神以外の）存在物として残すことだった。そしてそれはまた観念論への出発でもあったのである。

　このように，バークリは，デカルト（René Descartes, 1596-1650）やロックのような，心の外に物質が存在するという考えを否定したが，われわれが知覚する石や机や家などが知覚する人の心の中の存在でしかないということは，常識的には非常に奇妙なものに見えるだろう。もちろん，常識的に奇妙に見えるということが，その理論の間違いを示すわけではない。正されるべきは常識かもしれない。しかし，バークリの物質否定論は，バークリによれば間違った哲学理論から常識的な考えに立ち返るものだというのである。つまり，常識擁護にもつながるというのである。

　だが，バークリが強調するほど，そのことは明らかではない。バークリの導いた結論，つまり観念論はけっして常識的なものではない。少なくとも当時からすでに多くの人びとがそのようにとらえていた。辞書編集などでも名高いサミュエル・ジョンソン（Samuel Johnson, 1709-1784）が，石を蹴飛ばしてバークリの議論を論駁したという有名な事例は，そのことを表している。

　しかし，バークリにとって，常識が重要な概念を果たしていることは確かであろう。バークリは，『哲学注解』（1707-08 年）で「私は，すべてのことがらについて，一般人に味方する」（『哲学注解』405[4]）と記している。また，『ハイラスとフィロナスの三つの対話』（1713 年）では，吟味の結果，最も常識に一致し，懐疑主義から離れたように見える意見が真理であるということが認められている。しかし，それによってバークリが本当に常識を擁護していると言えるかどうかということは，やは

4）バークリのテクストの引用箇所は次のように示している。『人知原理論』節番号。『ハイラスとフィロナスの三つの対話』（岩波文庫版のページ番号）。テクストはいずれも岩波文庫版を用いている。『哲学注解』は以下のものを用いている。*Philosophical Commentaries, in The Works of George Berkeley Bishop of Cloyne*, vol. 1, A. A. Luce and T. E. Jessop（eds.）, Thomas Nelson and Sons, 1948. 引用箇所は，『注解』における文番号で示す。

り問題であろう。

　というのも，バークリは，少なくとも哲学的ではないという意味で常識的な考え
から彼の哲学を組み立てているわけではない。そのことは，バークリの『人知原理
論』（1710 年）の冒頭での言葉から明らかである。

　　人間の知識の対象を考察するあらゆる人にとって，次のことは明らかだろう。
　　つまり，人間の知識の対象は，現実に感官の上に刻印された観念か，あるいは，
　　心の情緒や働きに注意することによって知覚されるようなものか，あるいは最
　　後に，記憶や想像の助けを借りて，先ほど述べられたような仕方でもともと知
　　覚された観念を合成したり，分割したり，あるいはたんに再現することによっ
　　て作られた観念であるかのいずれかということである。（『人知原理論』1）

　これは，ロックの感官の観念と反省の観念の区別を意識したものだろうが，人間
の知識の対象が観念に関わるものであるということがすでに認められているのであ
る。また，『ハイラスとフィロナスの三つの対話』では，物語のほぼ最後となる箇所
で，フィロナスに次のように述べさせている。

　　私は，新しい思念の創始者だなんて言いませんよ。以前は一般人と哲学者の間
　　で共有されていた真理を統一して，明るい光の下に置こうと努力しているだけ
　　なのです。そして，一般人の意見はね，直接に知覚される物が実在物だという
　　もので，哲学者の意見はね，直接に知覚される物が心の中の観念だということ
　　なのです。その二つの思念が一緒になって，結果的に私が主張しているものに
　　なるのです。（『対話』262）

　つまり，バークリは，われわれが知覚する唯一の対象が，心の中の観念である
ことは，ほかの哲学者と共有している。これが「人間の知識の対象を考察するあら
ゆる人」にとってのものであること，つまり哲学者の意見であるというとき，これ
は同時に，常識的な考えではないということを認めているとも言えるだろう。もし
もバークリが，そもそも常識的な立場から出発していたとするならば，われわれの
知覚の対象が心の中の観念であるということを否定しようとすることもできたかも
しれない。しかし，バークリにとって，やはりこの考え自体は，それが常識的なも
のではなかったとしても，正しいものであると考えられたのであろう。というのも，

『人知原理論』では，今見たように，人間の知識の対象が心の中の観念であるということはそもそも受け入れられているように書かれているが，『ハイラスとフィロナスの三つの対話』では，その最初の第一対話において，知覚されているものが，心の外に存在するものではないということが，いくつかの議論を使って示されているからである。

いずれにせよ，バークリが受け入れている知覚の対象が心の中の観念であるという考えは常識的なものではなく，バークリとその論敵の哲学者たちとの間で共有されていることである。では，常識はどのような点でバークリの議論に関わるのだろうか。あるいは，バークリはどのような点で常識を擁護していると言えるのだろうか。本来，バークリの論敵を体現しているハイラスの次の言葉を見てみよう。

　　ハイラス　なんですって！　物質のようなものがないと信じることよりも突拍子もなく，常識に反し，明らかな懐疑主義であるものが，何かあるでしょうか？（『対話』24）

論敵であるハイラス自身の口から，まず物質否定という考えが，懐疑主義であると同時に常識に反していることが述べられるのである。そしてこれに対するフィロナスの回答は次のようなものである。

　　フィロナス　まあまあ，ハイラス。では，物質があると言っている君が，その意見のせいで，そんなものなどないと信じている私よりも，よっぽどひどい懐疑主義者で，もっと常識に対して逆説的で不合理なことを主張しているということが示されるとしたらどうですか？（『対話』24）

このようにハイラスとフィロナスの対話は，懐疑主義と常識に反することが，一対のものとして進められるのである。その結果が次の言葉となる。

　　フィロナス　では，吟味をかさねたうえで，最も常識に一致し，懐疑主義から離れたように見える意見が真理であると認めてもいいですか？（『対話』25）

ここでは，常識に一致することが，対立する主張のどちらが真であるのかの基準となるのである。このような議論の流れを見てみると，初めから常識的な考えを擁

護するために，議論が進められているわけではない。常識は確かに理論の正しさの基準の一つとして採用されているという点で，バークリによって正しいものとして受け入れられている。しかし，常識が「知覚の対象が心の中の存在である」という哲学的な考えを受け入れた上での，そしてそれを受け入れつつ対立するようになる理論間の対立を解消するための基準となるとき，その適用範囲は，かなり限定されることになる。実際に，すでに引用したように，『ハイラスとフィロナスの三つの対話』では，一般人の意見（つまり常識的な考え）として，「直接に知覚される物が実在物だ」ということが言及されていた。つまり，これ以外の（たとえ関係があったとしても）常識的な考えというものは，この常識的な信念に比べれば，重要度は低いということになる。その点について少し見てみることにしよう。

　バークリが，なぜ心の中の物体の観念それ自体を実在物だと言えるかというと，それは，「実在物」という概念にどのような内容が含まれているかというよりも，むしろ，物質否定の結果として，心の中の観念が，唯一の（精神的なもの以外の）存在物となるからである。というのも，バークリが，直接知覚されるものが実在物であるということを認めたとしても，それが，彼以外の人びとにとっても受け入れられる考えであるのかどうかということになると，それなりに困難を抱えているように思えるからである。別の言い方をすればバークリが言う実在物——観念としての——に，他の人びとが実在物という概念に含まれていると考えている要素が十分に含められているのかというと，必ずしも明確に肯定することができるわけではないように思えるのである。

　例えば，バークリ哲学において物体が時間的に継続して存在すると言えるのかという問題を取り上げてみよう。この問題は，バークリ研究においてしばしば議論されてきた問題である。もしも，われわれが知覚している物体（例えば，机）が，観念であると同時に実在物であるとするならば，そういった物体は，われわれが知覚しているあいだしか存在しないということになるのではないかという問題である。

　バークリは，物体が時間的に継続して存在するという考えが，彼の理論と両立しうることを，いくつかの仕方で論じている。一つは，分析的な議論であり，もう一つは，神学的な議論である。

　分析的な議論とここで呼んでいるものは，私がいない部屋に机があると言うことは，その部屋に私が行けば知覚するだろうということによって分析されるという主張のことである。のちにエアなどが，バークリは物質の実在を否定したのではなく，それを感覚内容に関する命題に分析したのであるとして一定の評価を与えたものが，

このような主張にあたる。もう一つの神学的な議論というのは，われわれが知覚していない間も，物体は神によって知覚されているということを主張したものである。この二つは，知覚者が知覚していないときの物体の継続的な存在についての異なる観点からの主張であるが，厳密に，両者の関係がどのようなものであるのかは明確ではない。神学的な議論は，神の存在を示すという点で，バークリにとって非常に重要なものであるはずだが，もしもこの議論を重視するのならば，分析的な議論は不要なものとなってしまうだろう。しかし，神が知覚しているときの物体の存在というのは，それ自体必ずしも明確なものではない。というのも，感覚器官を持っていない神の心の中の存在にある物体は，われわれが現実に知覚している物体とは質的に同じものであるということは難しいからである。

　また，バークリは，『人知原理論』において，事物の瞬間的な創造という考えが，スコラ哲学にも当てはまることを論じている。物体の継続的存在が，ほかの理論においても問題になるという指摘は，それをどのように理解するかについて異なる理論が可能であったとしても，同時にそれぞれが何らかの問題を抱えているという点で対等であるという主張とも受け取れる。つまり，常識との関わりにおいては，知覚対象が実在しているという考えだけがプライオリティを持つのであり，それ以外の考えについて言えば，常識が正しさの基準となるわけではないととらえることもできるだろう。

　これらのことから，バークリの思考の方向性は次のようなものになると言えると思う。

1. まず，物質主義は，懐疑主義に至り，その物質についての懐疑主義は神の存在などに対する懐疑主義を生み出す可能性がある。それゆえ，物質主義がもたらす懐疑主義を阻止する必要がある。
2. そのために，物質を否定し，観念それ自体を実在物であるとする。
3. 常識的な考えの中には，われわれが物体を直接に知覚していて，しかもその物体が実在物であるという信念が含まれている。
4. 直接に知覚されるものが実在物であるという常識的な信念を，理論の正しさの基準として採用する。

　この思考の方向性が，議論として再構成されるとき，常識と反懐疑主義を同一視し，まず上述した四を設定することで——そしてそれこそが常識擁護になるという

点を強調することによって――，物質主義よりも物質否定論の方が正しいものであることを印象付けるように論じられているのである。つまり，バークリは，懐疑主義を論駁するために，常識を利用したと言えるのではないだろうか。しかもその常識とは，直接知覚されるものが実在物であるという考えであり，まさにバークリの常識擁護とは，この考えの擁護なのである。

3　トマス・リードの場合

　次に，トマス・リードの哲学における常識の役割を見てみることにしよう。スコットランド常識学派の代表者であるリードは，まさしく「常識学派」の呼び名にふさわしく，常識というものを非常に重視した哲学者である。また，リードは，前節で考察したバークリから非常に大きな影響を受けていることを自ら告白している。しかし，リードとバークリの常識の扱い方は，大きく異なる。

　リードの知識体系は，いわゆる基礎づけ主義と呼ばれるもので，自らは正当化されることなく他のものを正当化するのに用いられる第一原理がわれわれの思考の出発点となるという構造を持っている。もちろん，近代の基礎づけ主義と言えば，デカルトがその代表であると言えるだろうが，デカルトとリードの基礎づけ主義には違いがある。

　よく知られているように，デカルトは，疑わしい信念をとりあえずすべて間違ったものとして退けるという，いわゆる方法的懐疑（これについては本書第1章第3節を参照されたい）を遂行し，その結果，デカルトにとって絶対確実な第一原理である「われ思うゆえにわれあり」という命題を導き出し，そこから神の存在証明を経て，はじめに否定した信念を正当化しようとした。しかし，リードは，このようなただ一つの信念を基礎にするという基礎づけ主義を否定し，むしろさまざまな探求を行う上でわれわれが前提としなければならない多くの諸信念を第一原理として認めた。それらは第一原理であるがゆえに，直接にその正しさを証明できるものではない。しかし，われわれは，判断力を行使することによって，それらが第一原理であると考えることができる。いや，むしろ考えることができるように本性的に，神によって作られているのである。

　リードにとって，この第一原理を第一原理だとして判断できる能力が，いわゆる常識の原理なのである。ただし，リードは，こういった判断能力を常識であるとしているが，一方で，そのような判断能力によって判断された信念を常識と呼んでい

るように見える箇所もあり，このあたりは，研究者の議論の対象となっている。

　リードは，第一原理を二種類のものに分けている。一つは必然的な第一原理であり，もう一つは偶然的な第一原理である。第一原理と言えば，何か必然的な命題だけが選ばれそうなものだが，そうではないところがリードの認識論の特徴である。必然的な第一原理として挙げられているものは，次のようなものである。

　　1．文法的な原理（形容詞が実体に属していること，完全な文は動詞がなければならないことなど）。2．論理的な規則など。3．数学的な公理。4．嗜好についての公理。5．道徳の公理。6．形而上学的な公理[5]。

　最後の形而上学的な公理は，次の三つのものに分けることができる。(1) 性質は物体と呼ばれる性質を持たなければならない。(2) 存在し始めるものは原因を持たなければならない。(3) 結果に見出される目的や知性から，その原因における目的や知性が導かれること。(1)，(2) はともかく，(3) について簡単に説明を加えておくと，これは，言葉や行動からそれを生み出す精神がいるという判断をすることである。この形而上学的な公理は，いずれもヒュームを念頭に入れて論じられたものである。実際に，この箇所はヒュームへの言及が大半を占める。興味深いのは，必然的な第一原理とはいえ，1から3のようないわゆる論理的なもの（あるいは現代ならば規約にもとづくといわれるもの）に限らず，嗜好や道徳に関わることにも必然的な第一原理があるといわれていることである。

　では次に，偶然的な第一原理を確認しておくことにしよう。偶然的な第一原理には次のようなものがある。

　　1．意識しているあらゆるものが存在していること。2．私が意識する思考は，私自身，私の人格と呼ばれる存在者の思考であること。3．判明に記憶しているものが確実に存在したということ。4．記憶が続く限り，人格の同一性があり継続して存在しているということ。5．感覚によって判明に知覚するものは確実に存在するということ。6．われわれは自分の行動と意志を決定する能力

5）『人間の知的能力に関する試論』（1785 年）第 6 巻第 6 章参照。トマス・リードのテクストは次のものを用いている。Thomas Reid, *Essays on the Intellectual Powers of Man,* Derek R. Brookes（ed.）, Pennsylvania, Pennsylvania State University Press, 2002.（戸田剛文（訳）『人間の知的能力に関する試論』（上）（下），岩波文庫，2022–23 年）

があるということ。7. 真偽を区別するわれわれの能力は信頼に足るものであるということ。8. われわれが友人として接している存在者は, 生命と知性を持っているということ。9. 人の表情や声の調子が, 心の思考を表しているということ。10. 人の証言や権威にはそれなりの信頼性があるということ。11. 人の意志に依存した多くの出来事があり, それらには信頼できる規則性があるということ[6]。

　これらのリストを見れば, リード哲学において第一原理とされるものがどれほど大きな地位を占めるかが分かるだろう。特に, 5番目のものや8番目のものに注目してみよう。われわれが判明に知覚しているものは存在しているということ, 他者が存在しているということ, これらは, それ自体には直接的に論証の対象とはならない第一原理とされているのである。知覚の対象が存在すること, それは確かに, リードに特有の主張ではない。ロックやバークリにおいても共有された考えであると言える。しかし, その内容は大きく異なる。ロックとバークリにとって知覚の対象は心の中の観念である。しかし, リードの場合, それは心の中の観念ではなく, 心の外に存在する外的な事物なのである。また5番目のものは, 他者の存在に関わるだろう。これは, 先ほど取り上げた5番目の原理を, 精神的な存在に置き換えたものであると言える。つまり, われわれが友人だと, つまり他者だと考えているものは, われわれの心の中の観念ではなく, 思考や感情を持った精神的な存在者なのである。

　これらがリード哲学において大きな地位を占めると考えられるのは, まさしくここでリードが第一原理として取り上げていること――つまり, 実在物としての知覚の対象の存在や他者の存在――が, バークリやヒュームの哲学において, しばしばその実在を示すことができないものとして取り上げられてきたものだからである。つまり, バークリやヒュームの哲学は, しばしば外的事物の存在に対する懐疑主義(あるいは観念論)であるとか, 独我論的であるとして理解されてきたのである。そして, リードによれば, バークリやヒュームの議論は, 観念説の必然的な帰結に他ならない。つまり, 観念説においてはその存在が危機に陥るものが, 論証の対象ではなく, 第一原理として確保されるのである。あるいはこう言っても良いかもしれない。バークリやヒュームに限らず, しばしば哲学者が証明しようとしてきた哲学

---

6)『人間の知的能力に関する試論』第6巻第5章参照。

的問題を構成する命題が，リードにおいてはわれわれのものの考え方の前提として認められなければならないものだとされているのである。

　これまで述べてきたことから，リードの哲学的な試みが何かということの一端が明らかになるだろう。リードにとって（少なくとも『人間の知的能力に関する試論』あるいは『心の探求』（1764 年）においては）哲学とは，われわれが知識の問題を考える上で，どのような枠組みを持たなければならないかということを明らかにすることである。われわれが基本的に存在すると信じている物質的事物の存在や他者の存在は，それらが実在することが論証されるべき対象ではなく，むしろそういったものを前提して初めて行われるものなのである。それらは常識的な信念としてわれわれが心の働きや知識の問題を考える上での枠組みをなすのである。

　リードは，常識を強調する哲学者であるとして，例えばカント（Immanuel Kant, 1724-1804）などから激しく非難された。確かに，リードは，第一原理を判断する能力として常識というものを強調しているが，もしもリードが，常識によって第一原理を「強い意味で」正当化しようとしているととらえるならば，それはリードを曲解していることになると言えるのではないだろうか。というのも，しばしば，リードは，常識が絶対的なものではなく，哲学や科学によって訂正される可能性をも認めているからである。リードによる常識に訴える第一原理の正当化は，緩やかなものとしてとらえるべきであり，むしろとりあえず，多くの常識的な信念を正しいものして認めなければ，われわれは哲学を行うことができないということを示しているものだと理解されるべきである。

4　リードとバークリ

　これまでバークリとリードにおける常識をめぐる立場をそれぞれ概観してきた。ここで，両者の違いを改めて確認しておくことにしよう。

　バークリもリードも共通しているのは，ロック的な観念論が一種の懐疑主義に陥ると考え，その懐疑主義の克服を目指しているということである。バークリは，まずロックのような認識論的な枠組みを受け入れた上で，そののちに物質を消去し，心の中の観念だけを残すことによって，懐疑主義を克服しようとした。バークリ自身は，彼の著作で繰り返し強調されているように，われわれが存在している日常的な事物が実在していないと言っているわけではない。彼が主張しているのは，そういった事物は心の中の観念であるということである。しかし，物体が心の中にしか

存在しないという主張は，常識的な考えから大きく離れるものであると言える。

　リードもまた，バークリと同じく，直接知覚の理論を展開している。しかし，彼の直接知覚の理論は，バークリの議論から大きな影響を受けているかもしれないが，バークリのものとは大きく異なる。リードにとって，直接知覚されるものは，心の中の観念などではなく，心の外に実在している物体であり，むしろロックなどの（バークリが言うところの）物質主義者の言う物質に近い。リードは，知覚表象説がもたらすと考えられた物体の二重存在が生み出す懐疑主義を，バークリのように知覚の対象を心の中の存在とすることによって解消するのではなく，むしろ，心の中の観念を消去することによって解消しようとしたのである。つまり，リードにとって直接知覚の対象は，常識的にわれわれの心の外に存在していると考えられている物体であると考えてよい。

　常識をめぐるバークリとリードの大きな違いは，次のように言えるだろう。まず，バークリは，まずそもそも常識とは無関係に哲学的な理論を採用し，その上で常識的な考えの別の一部と自らの考えが整合的であることを示すことによって，常識との調停を試みた。一方，リードは，基本的に常識的な考えは，われわれの思考の前提であることを主張した。言い方を変えるならば，バークリは競合する哲学理論の優劣の決定を行うために，ある限られた個別の常識的信念を利用したのに対して，リードが主張したのは，自らの主張が常識に近いだとか一致するというものではなく，哲学も常識を出発点としなければならないというものである。いわば，われわれのものの考え方の枠組みを，リードは明らかにしようとしているのである。これは，両者の懐疑主義を克服しようという方向性の違い，ある個別の命題を確保することによって懐疑主義を回避するのか——バークリ——あるいは思考の構造を明らかにすることによって懐疑主義を回避するのか——リード——の違いにあるということもできるだろう。

　では，この違いは，どのような背景によるのだろうか。

　私の考えでは，バークリには知識の概念について二つの考えが混在しているように思われる。一つは，確実性と同一視されるような知識の概念。そしてもう一つは，可謬的な——つまり，確実性を必ずしも伴わない——知識の概念である。知識とは，伝統的に，信念とはっきりと区別されるべきものだとして考えられてきた。近代においてその考えを踏襲しているのはデカルトである。デカルトが方法的懐疑の過程で，少しでも疑わしいものは否定するという立場を取るとき，彼は知識とは確実性を伴っていなければならないということを宣言しているのである[7]。この知識概念

は，ロックにもなかば受け継がれている。確かにロックは，われわれが日常的な物体の実在について知識を持つことができることを認めている。そして，その根拠は，彼が粒子仮説を採用していて，その粒子で構成されている物自体がわれわれの心の中に観念を生み出すという仮説にもとづいたものである。そういう意味では，彼の知識概念には，可謬性あるいは改訂可能性の要素を見て取ることができるだろうが，一方で，彼は，われわれが経験的対象としての物体の持つ性質について，たとえどれほど経験を積み重ねても，新しい性質が見つかる可能性があるとして，あくまでも知識としては認めなかった。バークリにもこのような二面性がある。バークリは，われわれが感覚を通して物体の知識を獲得できることを認める。例えば，次のようなバークリの言葉がある。

> フィロナス　……　私が見て，触って，はめることが，私にとってこの手袋の存在の十分な証拠ではないですか。（『対話』145）

　もちろん，このような仕方でわれわれは確実性を持った知識が得られるわけではない。われわれの感覚は常に次の経験によって訂正される可能性を孕んでいるはずだからである[8]。しかし，バークリは，そのような可能性を含めて，物体が存在するという信念が知識となることを認めているのである。その一方で，バークリには強い知識の概念も存在しているように思われる。それは，まさしく彼の物質否定論である。われわれに知覚できない物質主義者のいう実在物を否定し，直接知覚できるものだけを残すことによって懐疑主義を乗り越えようとする方針は，直接知覚が，確実な知識を供与するという考えが背後になければ弱いように思われる。というのも，ロックのように科学の仮説をまず採用したとしても，さまざまな他の知識や信念，新たな実験などを繰り返すことによって蓋然性が高まることはおおいにあり得

7）われわれの数学的な知識さえもが「欺く神」によって欺かれている可能性があるということは，ほとんどありそうにはない。

8）私は以前に，このバークリの議論を強調することによって，デカルト以降の哲学において，知識概念が柔軟なものへと変化していっていることを論じた。そこでは，バークリにおける知識概念の可謬主義的な側面が特に強調されたが，ここでは，むしろ知識概念に確実性を含めようとする知識概念の残滓について論じているのである。"Transition of the Conception of Knowledge: From Descartes to Reid," *Menschenontologie* 16, 2010, pp.117–128.

9）この点については，拙論「常識哲学あるいは近代のプラグマティスト──ロックとリードの場合」（『思想』第1115号，岩波書店，2017年，45–66頁）も参照されたい。

るだろうし，またそのようにして科学は営まれるからである。直接知覚を懐疑主義の克服へと至る道だと考えることは，いわゆる与件の神話を信奉することであるように思える。そして，先ほど引用した箇所などが示すように，バークリの主張には，ソフトな知識概念への方向性が見て取られるのであるが，バークリは必ずしも知識の可謬性を強調しているわけではない。

　一方，リードもまた直接知覚の理論を提示した哲学者である。その意味では，バークリと同じく直接知覚が懐疑主義への克服への手段となりうることをリードが考えていたことを示している。しかし，リードは，直接知覚のみによって懐疑主義を克服しようとしたのではなく，それと共同して──いやそれ以上に──第一原理として外界の実在を措定することによって懐疑主義を克服しようとしている。そしてまた，リードは知識の可謬性をより積極的に打ち出している。リードの認識論は，ある意味で，われわれが認識論に取り組むとき，どのような方法を取らなければならないのか，そしてどのような信念を前提しなければならないのかということを示したものとして見ることができる。われわれの信念の構造における常識的な信念──すでにわれわれが正しいと信じている信念──に大きな役割を与えたことは，リードを現代の哲学の先駆者とするもののように思える。

　しかし，リードの取った方法は，広いとらえ方をするならば，実はロックの取っている方法と非常に似たところがある。それは，両者ともまず外界の実在を認めるところから出発しているという点である。リード自身は十分にその点を理解していなかったかもしれない。両者は，実のところデカルト的な基礎づけ主義への挑戦者だったのだ[9]。

第4章

ヒュームにおける「実験的」という概念

因果関係・情念・人間本性の認識論的解明

神野慧一郎

1 ヒュームの経験論

　イギリス経験論というとすぐ誰でもが思い出すのは，ロック（John Locke, 1632-1704），バークリ（George Berkeley, 1685-1753），ヒューム（David Hume, 1711-1776）の名前であるが，そういう連想はどういう根拠を持つのか，また，そもそも根拠を持つのか，問い直してみるべきではなかろうか。というのも，近世におけるイギリス哲学の経験論は，まずベーコン（Francis Bacon, 1561-1626）に始まったのではないかという疑問が浮かぶ上に，ベーコンとロックとの間には，ホッブズ（Thomas Hobbes, 1588-1679）が存在したからである。ホッブズは，形而上学的な哲学者であるとしても，経験論的な立場に立っていることは間違いない[1]。

　ロック，バークリ，ヒュームを一括りにして，イギリス近代の懐疑論の流れとして集約するのは，かつてのリード（Thomas Reid, 1710-1796）＝ビーティ（James Beattie, 1735-1803）以来の，ヒューム誤解の産物ではなかろうか。あるいは，その誤解に拍車をかけた，19世紀のT. H. グリーン（Thomas Hill Green, 1836-1882）らのイギリス哲学史の遺物ではなかろうか。グリーンによれば，ヒュームが決定的に示したことは，ロックがデカルトの哲学から受け取った観念説の帰結は危険な懐疑論に陥らざるをえない，ということであったことになる[2]。確かに上記三人，すなわちロック，バークリ，ヒュームは，ある意味でいずれも観念説的経験論を採っている。それゆえにこそ，この三人は，イギリスの経験論者として一括りにされうるのであ

1）たとえば *Leviathan*, pt. 1, chap. 1 の冒頭を見よ。
2）Thomas Hill Green: *Hume and Locke*, ed. by R. M. Lemos, New York, Thomas Y. Crowell Co., 1968, p. 3, et al.; このことの説明については，たとえば，次のものを参照せよ。Norman Kemp Smith: *The Philosophy of David Hume*, MacMillan, London, first published 1941, reprinted 1966. c. 1, p. 7.

る。しかしグリーンのような哲学史の解釈は成立しない。なぜならヒュームの経験論は，人間の知性が懐疑論に陥ることを示したが，学問が成立しないとは主張していないからである。それどころか彼ヒュームは言う。われわれが学問的知識に近付くのは，実験的推論による，と。これはグリーンの主張を退ける主張である。そうなら，当然われわれはヒュームの「実験的（experimental）」という概念を考察すべきであろう。

　彼が，自分の哲学の在り方の特徴付けをしている，有名な箇所がある。すなわち，『人間本性論』（1739–40 年）[3] の副題である。そこには，「実験的な推論法（the experimental Method of reasoning）を精神上の諸課題（moral subjects）に導入する試み」とある。moral subjects は，狭い意味では，人生における善悪正邪に関わる事柄のことであるが，ここでの意味は，彼の学問の対象が，自然哲学ではなく，むしろ人間本性と人間の行動に関する体系的，組織的な諸事実だ（「人間」についての学），ということである [4]。彼が抱いていた学問上の目標は，単に倫理学に止まらず，心理学，経済学，政治論などを含むもっと大きな社会哲学であった。実際，すでに『本性論』の「道徳論」は，道徳論のみならず，政治論，法哲学などの議論をも含んでいる。

　ヒュームが『本性論』で果たそうとしている課題は，書名の示すごとく，人間の自然本性の解明であるが，そういう努力の意義付けは，彼の次のような考えに由来する。すなわち，「あらゆる学は，多かれ少なかれ人間の自然本性に関係を有し，人間の自然本性からどれほど遠く隔たるように見える学でも，何らかの道を通って，やはり人間の自然本性に結び付く」（*T*. Intr. 4, p. 4）という考えである。彼に従えば，数学，自然哲学，および自然宗教でさえも，「ある程度〈人間についての学（the science of man，以下「人間の学」と表記する。「人間についての系統的な知識」という意味である））〉に依存している。なぜなら，それらは，人間の認識能力の及ぶ範囲にある事柄であり，人間の諸能力によって判断される事柄であるからである」（ibid.）。それゆえ，人間本性ともっと結び付きのある他の諸学に関しては言うまでもない。ヒュームによれば，論理学は，われわれの推論能力の諸原理とそれらのは

---

3) David Hume: *A Treatise of Human Nature*, ed. by David Fate Norton & Mary J. Norton, Oxford, 2000.（以下『本性論』（*T*）と略記。*T*. 3. 1. 2 は，第 3 巻第 1 部第 2 節を意味する。なお，*A*. 3 は，『摘要』（1740 年）第 3 節を指す。

4) それゆえヒュームに関しては「moral」は文脈に応じて，「精神」とも訳される。なお，当時 moral philosophy（精神哲学）は，自然哲学と並んで哲学の二大分野の一つであった。

たらき，そして観念の本性を説明するものであり，道徳学と文芸批評は，われわれの美的趣味と感情を考察するものであり，社会政治学は，人びとが社会において統合され，たがいに依存し合っているさまを考察するものである。論理学，道徳学，文芸批評，および社会政治学というこれら四つの学問には，われわれにとって知る価値のある事柄，人間の精神を高めること，あるいは飾ることに寄与しうる事柄の，ほとんどすべてのことが含まれている（*T.* Intr. 5, p. 4）。

　さらに彼は言う。「「人間の学」が，他の諸学の唯一の堅固な基礎を成すように，この「人間の学」という学そのものに与えうる唯一の堅固な基礎は，経験と観察に置かれねばならない」，と（*T.* Intr. 7, p. 4）。また，そのためには，「可能な限度まで，実験（experiment）によって追求し，すべての結果を最も単純で最も少数の原因から説明することによって，われわれのすべての原理をできるだけ普遍的なものにするよう努力しなくてはならないが，それでも，われわれが経験（experience）を超えては進みえないことは，やはり確実なのである」とも言う（*T.* Intr. 8, p. 5）。あるいは，「いかなる学いかなる技術も，経験を越えて進むことはできず，経験に基礎を持たないような原理を確立することはできない」とも述べている（*T.* Intr. 10, p. 6）。これらはすべて，まさしく経験論の主張であり，また実験的推論の立場である。

　大雑把に言えば，それゆえ，ヒュームの『本性論』の目標は，諸学の基礎としての「人間の学」の設立であり，そのために彼の採る方法が，実験的な推論法を，自然哲学だけでなく，広い意味での道徳哲学（精神哲学）的諸問題にも導入することである。

　この企ての意義は，「ほとんど全く新しい基礎の上に，しかも諸学を安全に支えうる唯一の基礎の上に，諸学の完全な体系を建てることを目指す」（*T.* Intr. 6, p. 4），ということにあるゆえ，ここには諸学の成立を否定しようという意図は見られない。もちろん彼は直ちに，自らの企ての限界を指摘する。それは，（1）経験論そのものの限界である。心の本質は，外的な物体の本質と同じく，われわれには知りえないので，心がいかなる性質と能力を有するかについては，外的物体についてと同様，注意深い正確な実験と，異なる条件や状況から生じる個々の結果の観察とによるのでなければ，理解することは不可能である。

　心や事物の本質の探究が自分の目的ではない，という点がこの言明の眼目の一つである（ロックと似た主張である）。このことは，ヒュームの求めるのは，これまでの形而上学者たちがしてきたような意味での真理ではなく，あえて彼の探究を真理探究というなら，現象を通じての終わることなき真理探究，むしろ知識の探究だ，

ということであろう。彼は、「知識」概念を変革・拡張したのである[5]。この点で、ヒュームはロックと異なる。

もう一つの限界指摘は、(2) われわれは可能な限度まで実験によって追求し、すべての結果を最も単純で最も少数の原因から説明することによって、われわれのすべての原理をできるだけ普遍的なものにするよう努力しなければならないが、それでも、われわれが経験を越えては進みえないことは依然として確実なのである、という主張である[6]。経験の可能性には限界がある。それゆえ人間本性の究極的根源的性質を明らかにすると称する説（たとえば、自然宗教 (natural religion)）はいずれも、思い上がった空想として最初から退けられねばならない、というのがヒュームの指摘である (*T.* Intr. 4, p. 4)。この点では、ヒュームの議論は仮説－演繹法とはなじみにくい。

われわれが知りうることは、論理、代数、算数を除いては、確実性を持つ知識（真理）という類のものではなく（『本性論』では、幾何学をもある意味で確実性を持たない知識としている）、おおむね信念（思いなし）という知的ステータスを持つもの、つまり蓋然的知識である（ただし、ここで知識の蓋然性というのは、現象自体が蓋然的という意味ではない）。このヒュームの知識概念の背後には、彼が従来の形而上学を退けるための議論である、「懐疑論」がある。

しかし、さらに彼は、(3)「精神哲学」には、自然哲学にはない特有の短所がある、と指摘する。すなわち、「精神哲学」においては、実験のデザインを自由に構成することはできないという短所である。「精神哲学」では、実験結果 (experiments) を集めるに際してあらかじめ手順を計画し、生じうるあらゆる個別的な問題に対して納得できるような仕方で、意図的に実験を行うことができない。それゆえ、そう

---

5) 神野慧一郎『ヒューム研究』（ミネルヴァ書房、1984 年）第 7 章参照。

6) *T.* Intr. 8, p. 5; これは厳密に採ると、私の解するロックの説とは相容れない主張である。というのも私は L. Laudan のロック解釈に賛成だからである (L. Laudan: The Nature and Sources of Locke's View on Hypotheses, in *Locke on Human Understanding*, ed. by I. C. Tipton, Oxford, 1977)。ロックは、用心すべきことを種々附した上で、粒子仮説を認めたのだと、私は理解する。しかしガッサンディ、ボイル、ロックらの粒子仮説は、感覚的経験内容そのものとは言えないとしても、経験と無関係な考えではなく、観察可能な出来事に関する事柄をアナロジーの助けにより微視的世界に適用したものだ、と言えるかもしれない。そう言ってよければ、ロックが粒子仮説を採るなら経験論者でないと言う必要はなくなるかもしれない。Cf. John Locke: *An Essay concerning Human Understanding*, ed. by Peter Nidditch, Oxford, first published 1975, reprinted 1979 (*E* と略記する。*E.* 4. 16. 12 は第 4 巻第 16 章 12 節を意味する) *E.* 4. 16. 12.

した問題は，自然哲学におけると同様な仕方では扱えない。ある物体が，他の物体にどんな影響を及ぼすかを見るには，両物体を実際にその状況に置き，どんな結果が生じるかを見ればよい。しかし，精神哲学に関する問題においては，実験を蒐集する際，自然哲学の場合のように，意図を持って計画的に事を進めることは可能ではなく，それゆえ，起こりうる個々の問題を，満足できる仕方で解決できない。なぜなら，もし私が自然哲学の場合と同じやり方で，考察されているのと同じ状況に自分の身を置くとすれば，そうした反省と計画は，私の自然本性的原理のはたらきを妨害することは明らかであるからである。また，内観は自分の経験する複雑な内容を歪めてしまいもするであろう。それらは，現象から正しい結論を得るための道とはならない。かくて，精神に関する事柄の学，したがって「人間の学」のための実験（experiments）は，人間の生の注意深い観察から拾い集め，それらが交際や仕事や娯楽における振る舞いを通して，日常世界の場面で現れるさまから取り上げねばならないことになる（*T. Intr.* 10, p. 6）。

　これはわれわれの探究における不利な点であるが，しかしヒュームは「序論」の末尾で主張する。「この種の実験結果（experiments）が，正しく集められ比較されるならば，それを基礎にして，人知の及びうる他のいかなる学に比べても確実さにおいて劣らず，有用性において大いに勝る一つの学を確立することができる」，と。なぜヒュームは，そう言えるのであろうか。そのことを示す一つの試みとして私は，ヒュームの「実験的推論」の意味を以下で考察するのである。

　私はヒュームの「序論」に多言を費やし過ぎたかもしれない。しかしそのことがそう不手際ではなかったことを，読者が以下の議論から見て取って下さると期待している。というのは，この「序論」はまさに序論であるが，「結論」を示唆してもいるからである。

2　ヒュームの言う「実験」についての諸解釈

　ヒュームが，『本性論』のサブタイトルで用いている形容詞 experimental の意義は，曖昧だとも言える。実際，いくつかの解釈がある。(1) ある解釈は，この表現の使用を，ヒュームが精神哲学の領域で，ニュートン（Isaac Newton, 1643–1727）が自然哲学で占めたような意義を持とうとしたということに関わるものとしている。また (2) experimental という表現は，ヒューム自身の立場が経験論というのと同じ意味だとされたりもしている。つまり，experimental というのは，experiential と

いうのと同じだ，としばしば解釈されている。この解釈の場合，ヒュームの立場は，「私的な」経験を出発点としており，そこから論議を始める経験論だということになるかもしれない。もっとも，これは合理論への反対，つまりアプリオリな洞察から出発し，合理論的な指導に従って論を進めるというやり方に反対するという意味でもありうる。(3) この二つの解釈のいずれかを取ってさらに話を進めて，次のように言う人もいる。すなわち，ヒュームが，experimental Method という表現を用いたのは，著書を市場に売り出すための計略，つまり一方では，ニュートン派の人びとに支配されている知的状況で，他方では，当時の文化（「事実」に重きを置く文化）で，尊敬される位置を占めるための計略に他ならない，と[7]。

　これらの解釈を受け入れると，18世紀におけるヒュームの企てを，彼の研究分野において experimental Method を適用した唯一の存在だと評価することは不可能になる[8]。また，ヒュームの副題「精神的な事柄に実験的方法による推論を導入する試み」に対して寛大な読み方をすることもできなくなる。それゆえ，ヒュームの主張と彼の experimental Method を文字通りに受け取る人たちのうちのある人たちは，ヒュームとニュートンとの並行関係を強調したし，またある人たちは，ヒュームはボイル（Robert Boyle, 1627-1691）に知的負債を払うべきだと論じた。その他にも，彼の仕事は，道徳的ないし精神的な事柄の探究において，ベーコンの自然史の方法を適用するという伝統，つまりロックに始まり，ヒュームの時代には，スコットランドで栄えていた伝統の中に据えられるべきだと考える人もいる。最近では，ヒュームは，ビュフォン伯（Georges-Louis Leclerc, Comte de Buffon, 1707-1788）と同じような調子で，実験的自然哲学の機械論的・数学的基礎に対して批判的な構えを取ったと，示唆する人もいるそうである[9]。これらの意見には考慮すべき価値のあるものもあるが，私はデメターの意見に賛同し，実験的推論を経験的データ処理の議論と受け止めるが[10]，しかし別の議論を試みたい。

3　experimental ということの意味

　ヒュームは，彼の方法について，また experimental ということの意味についても，

---

7) Cf. Tamás Demeter: Hume's Experimental Method, *B. J. H. P.*, 20(3), 2012, pp. 577-599., による紹介。

8) Cf. ibid.

9) Cf. ibid., p. 578.

十分に詳細な要約をどこにも与えていないので，人間本性についての理論を彼が展開する場合，いかなる認識上の理想を心に抱いていたかを見出すには，確かに少し努力がいる[11]。以下では，18世紀の実験哲学の文脈を念頭に置きつつ，ヒュームがexperimental ということで，いかなることを意味しえたかを，主として『本性論』や『人間知性研究』（1748年）での発言に従いながら，考察する。

3-1　因果関係

　まず注意すべきことは，ヒュームは因果性の成立をある意味で否定する議論を提出したという解釈が一般に広がっているが，それは間違っていると言って悪ければ，少なくとも不正確であるということである。彼が退けたのは，論証的な仕方で「結果」を生むものという概念としての原因の概念である。彼が解明したのは，因果関係という信念の形成のなりゆきであり，その信念のステータスである。もちろん彼の認める因果関係は，普遍妥当的な関係ではない。彼は，因果関係の観念は，繰り返し起こる原因と結果の恒常的連接から生ずると述べたが，それは，因果関係は実在的・必然的な結合であるとは言えないという結論を生む。それゆえ，因果関係ないし因果的法則は，狭い意味での知識ではありえない。因果法則は事実に関する推論の法則ないし論理であると言ってもよいが，それは絶対的に成立する法則ではない。つまり因果関係は蓋然性しか持たない。因果関係の妥当性は，われわれの信念にもとづくものに過ぎない。しかしそれは，因果関係が無用無益な知識であるということを含意するものではない。因果関係は事実に関する推論の法則である。ちなみに，賢人とは蓋然的知識をもとに，優れた生き方をする人のことである[12]。

　ヒュームが因果性について述べていることを見てみよう。彼は，因果関係についての長い議論を展開して，そういう関係の成立の構造を解明したが，その後で，原因と結果を判定するための規則を提出する（*T. 1. 3. 15, 2-11*）。そうした判定が必要なのは，ヒュームによれば，たとえば，次のような事情の所為である。

　われわれがただそれを眺めるだけで，経験に諮らずに，他の対象の原因であるとか，原因でないとかと確実に決定することができるような対象というものは存在しない。いかなるものも，何か（結果）を生み出すもの（原因）でありうるのである。因果関

10）Cf. ibid., p. 577.
11）Cf. ibid., p. 577.
12）拙論「ヒュームの懐疑論」（佐藤義之・安部浩・戸田剛文［編］『知を愛する者と疑う心』晃洋書房，2008年，所収）結論の節，特に p. 154 と，その個所の註（9）参照。

係を決定するのは，対象の恒常的連接にもとづくが，存在と非存在以外のことでは，いかなる対象も互いに反対ではない。対象は互いに反対でないから，それら対象が恒常的に連接することを妨げるものは，何もない。それゆえ，あらゆる対象は，互いに原因または結果になることは論理的には不可能ではないので，ある対象が実際に原因または結果であることをわれわれが知るための，一般的規則を定めることが適切である。そういう規則に従うものが，因果関係を構成しうるのである（原因性という性質を対象が持つ訳ではない）。こう述べた後，彼は続いて，「一般的規則 1-8」を述べ[13]，さらに，次のように言う。「これが，私の論究において使用するのが適切であると私が考える〈論理〉の，すべてである」，と（*T.* pt. 1. 3. 15. 11, pp. 117–8）。

自然現象の中の現象はいずれも，極めて多くの異なる条件によって複合され，変容されているので，現象の決定的な核心に至るためには，われわれは余計なものを注意深く分離し，これまでに行った実験における個々の事柄が，その核心に本質的なことであるかどうかを，新たな実験を行うことによって，探究しなくてはならない（これは，実験的推論の導入ということであろう）。しかし，この新たな実験も，同種の討論を経なければならない。このことは，自然哲学でも精神哲学でも同様である。否，むしろ，後者では，事柄が複雑であり，一層の努力が必要であるかもしれない（ibid., p. 118）。

ちなみに，「一般的規則 1-8」は，因果関係の経験（experience）が主観的なものに終わらず，ある意味で一般的で客観的な事実（実験的事実：experiment）と言えるものになるために踏まえるべき，最小限の手続きを述べている。それは因果関係の事実の核心をとらえるための一群の規則（論理）であり，実際，因果関係の成立の諸条件（たとえば，原因と結果の連接，原因の先行，原因と結果の恒常的連接など）の解明と照応する事柄に関する規則である。

「一般的規則 1-8」について，次のような所見を述べておきたい。

（1）「一般的規則 1-8」は，個々の（経験としての）因果関係に，その経験の核心を把握することによって，経験にある意味の「一般性」を与えるための必要条件であり，いわばただの経験的事実ではなく，経験を反省して得られた，一段高い次元にある命題である。それはむしろ，方法論的規則と呼ばれるべきものである。実際，こうした一般化のための諸規則（「一般的規則 1-8」だけでなく）は，経験の核心を把

---

13)「一般的規則」一般への注意としてヒュームが述べている点については，e. g. *T.* 3. 2. 9. 3, p. 353 を見よ。また一般的規則が蓋然性を与えることについては，*T.* 3. 3. 1. 20 などを見よ。

握し，いわば，高次の結論に至るための規則であり，方法論的規則であることは，ヒュームが，こうした規則は自然哲学でも精神哲学でも適用される，としていることからも窺い知れる。経験されたことは，経験（experience）であるが，それは必ずしも実験的事実（experiment）ではない。自然現象（いわゆる精神的な事柄も含めて）に一般性を与えるということは，そういう事柄の核心を与えることであり，そうした自然の現象を単純化すること，余計なものを除去することでもある。なぜなら，それは，多くの個別的現象（結果）を，より少ない，一般的で，それら現象に共通な原因へと解消することに繋がるからである。諸経験から取り出された関係（因果関係）は，諸規則と事実に従って検討されてのち，自然の一般法則となり，一つの事実，すなわち実験的事実（実験的手続きを経た経験：experiment）を述べるものと一応見なされることになる（実験的事実は多分，単なる経験よりは確実になっていようが，真に確実な知識であると言えるものではない）。実験的事実は，それゆえ，経験にもとづいているが，しかし単なる主観的経験ではない。それは，ヒュームが経験的事実の中から一般性を持つ法則を取り出す手続き，すなわち取り出しの経過を規制する規則の介在を含意している。彼の言う「論理」は，経験（experience, observation）を，実験的工程を経て，事実として認可する手続を述べたものだ，ということになろう。そういう手続きは，ヒュームのいう実験的推論の導入の一例ということではなかろうか。実験的推論には，そのための定まった手続があるわけではない[14]。また経験的認識に対するその手続きは，理論上，完了することもない。それゆえに，すでに引用したように（本章第1節），彼は言う。「可能な限度まで，実験（experiment）によって追求し，すべての結果を最も単純で最も少数の原因から説明することによって，われわれのすべての原理をできるだけ普遍的なものにするよう努力しなくてはならないが，それでも，われわれが経験（experience）を超えては進みえないことは，やはり確実なのである」，と（*T*. Intr. 8, p. 5）。経験なくして，実験的推論はない。

　もちろん，そうして取り出された一般命題（たとえば因果関係）は，繰り返して言うが，普遍性，確実性を有するという意味での一般性を持つ事実ではない。ただ彼は，経験や観察と言われるものが，すべて信用される経験ないし観察であるとは考えていない。彼が迷信・奇蹟を認めないのは，そのことの顕著な例であるし，また，彼は歴史の中での事実とされたのでないような事柄は，歴史上の事実とは認めない。

14）ニュートンは帰納を認めた。Cf. *Principia*, 3rd. ed. Bk. Ⅲ Reg. Ⅳ。

歴史記述は，ある意味で，通時的実験的推論を経て，事実間の整合性を持っていると考えているようである[15]。逆に，戦争，陰謀，内紛，革命などの記録は，実験の多くの集積である，とされる（*EHU.* 8. pt. 1. 7）。彼が，いわゆる旅行談などを信憑すべき観察ないし経験とは見ないのも，同じ理由（旅行談などは実験的推論に基づいてはいないであろう）からであろう[16]。

3-2 事実の「一般化」──「経験の核心把握」の場合

経験の核心把握に関連して次のことが言える。因果関係に関する「一般的規則1-8」は，「アナロジー」という観念を背景にしているのではなかろうか。実際，そこには「恒常的」，「同じ」，「共通」，「類似」という言葉が多発している。アナロジーが見て取れるということは，複数の事柄が共通の性質を持つということであり，そういう性質のものが存在するということを確からしくするであろう。また，アナロジーを用いて多くの個々の結果を少数の原因へと解消する議論は，自然における基本的原理を少なくする効用がある。つまり，それは，多くの個別的現象（結果）を，より少ない一般的原因へと解消することに繋がる[17]。それはヒュームの観念説に，新しい局面を与えるかもしれない。

実際，彼は，アナロジーについての意見をいくつかの箇所で述べている。たとえば，『摘要』では，人間の本性を論じた古代の哲学者たちは，推論や反省の深さよりも，感情の細やかさや正しい道徳的な感覚，魂の偉大さを明瞭に示すことで満足したと述べて，これと近代哲学を対比する（*A.* 1, p. 407）。そして言う。古代の哲学者たちと対照的に，われわれ最近の（近代の）哲学者たちの「人間の学」は，自然哲学と同様な正確さを持ちうるのではないかどうか試してみることは，少なくとも価値があるであろう，と。「そういう学問を，正確さの最高の極限まで，進めうると想像してよいとするあらゆる理由がこの世にはある。われわれが，もし，いろいろな

15）『人間知性研究』第8章を見よ。しかし，彼は，歴史の「物語り性」などは論じていない。

16）David Hume.: *An Enquiry concerning Human Understanding*, ed. by Tom L. Beauchamp, Oxford, 1999.（*EHU* と略記。*EHU.* 8. pt. 1. 9 は，同書第8章第1部第9節を指す）*EHU.* 8. pt. 1. 8. なお，このことは，ベーコン的な自然的歴史に対する，ヒュームとロックの見解の違うところでもあろう。ロックの蔵書には，多くの旅行談が含まれているそうである。Cf. P. R. Anstey: *John Locke and Natural Philosophy*, Oxford Univ. Press, 2011, p. 59.

17）抽象概念についてのヒュームの理解（代表観念説）は，抽象概念に関するロック説からの離反であるにも拘らず，アナロジーの概念は，代表観念が概念的な機能を持ちうるのはなぜかに関して両者を融和させうる議論を可能とするかもしれない。

現象を調べてみて，それら現象が一つの共通な原理にまで解消（共通なものを見出すということはアナロジーに依るであろう）できることをわれわれが見出し，そしてこの原理を別の原理へと追跡することができるなら，われわれは最後には，少数の単純な原理，すなわち他の残りのすべての原理が，それに依存する，少数の単純な原理に到達することになるであろう。たとえわれわれは，けっして究極の諸原理には到達しえないとしても，われわれの能力が許すところまで進めれば，それは満足というものである」(*A.* 1, p. 407)。彼はさらに，次のように続ける。

このようなことが，最近の哲学者たちの，特にこの著者（自分＝ヒューム）の目的とするところであり，著者は，整った仕方で人間本性を分析する企てを立て，経験(experience)によって権威を与えられている場合以外は，けっして結論を引き出さないと約束している，と。

経験によって経験に権威を与える処置が実験的推論なのである。それゆえ，「著者（ヒューム）は，仮説を語るのを軽蔑する」。そして，「仮説を精神哲学から追放したわが国の人びと（ロック，シャフツベリ卿，マンデヴィユ，ハッチソン，バトラーら）は，実験的自然学の父と彼が見なしているベーコン卿よりも，もっと顕著な社会貢献を成し遂げたということを暗に述べている。これらの人びとの意見には相互に多くの違いがあるが，人間本性の正確な研究を全く経験の上において基礎付けるという点においては一致しているように見える」[18]。

よってヒュームは，われわれが最も親密に関心を抱くもの（すなわち人間本性）を知るようになるという満足を別としても，ほとんどすべての学問が人間本性の学の中に包含され，それに依存するということを，安んじて肯定しうる。「論理の唯一の目標は，われわれの推論能力の諸原理と諸々のはたらき，および，われわれの観念の本性とを説明することである。道徳や批評は，われわれの人生の導きや，趣味や感情に関わるものであり，社会政治学は，社会において統合され，相互に依存しあっている人びとのさまを考察する」[19]。「この著述は，それゆえ，諸学の一体系化を意図しているように思われる」(*A.* 3, p. 407)。ここでヒューム自身が，人間本性の論究を通じて諸学の体系を作る意図を表明している。彼は知性の能力には，それが知識の確実性を得られないと主張するという意味で，懐疑的であったが，諸学の成

---

18) *A.* 2, p. 407。ただし，ロックは，微細な物質的対象に関し，観察可能なものから観察不可能なものへの推移を認めている。*E.* 4. 16. 12。

19) *A.* 3, p. 407。これはすでに引用した *T.* Intr. 5, p. 4 の文言でもある。

立に懐疑的であったわけではない。

このようなヒュームの考えは，『本性論』に限られるものではない（しかし『摘要』
は，『本性論』の摘要（Abstract）であった）。『人間知性研究』を見てみよう。たとえ
ば彼は，合理的で謙虚な哲学者なら，いかなる自然的なはたらきについても，その
結果であるものの究極の原因を指定するというようなことをけっしてしなかったの
には理由があると述べて（*EHU.* 4. pt. 1. 12, pp. 111–2），次のように進む。「人間理性
の最大の努力は，自然現象を産出する原理の数を減らしてより簡明なものにし，多
くの個々の事柄を，アナロジーからの推論，経験および観察によって，若干の一般
的な原因に解消すること，であると認めねばならない」，と [20]。

3-3　実験——情念（間接情念）の場合

次に，『本性論』第2巻「情念論」から彼の「実験」の例を採ってみよう（*T.* 2. 2.
2以下）。ここでは，扱う事柄は，自然現象というよりは，人間の心のはたらきに関
するものとなる。

ヒュームが第2巻第1部で「誇りと卑下」について論じた後，第2巻第2部で取
り上げるのは，「愛と憎しみ」である。誇り，卑下，愛，憎しみは，いずれも間接情念
と呼ばれるものである。第2部の第1節は「愛と憎しみの対象と原因について」で
あるが，われわれが取り上げる第2節の表題は，「この体系を確認・強化（confirm）
する実験」となっている。

「愛と憎しみ」についての議論は，「誇りと卑下について」の議論と並行する構造
を持っている。それはこれら四つの情念が，いずれも間接情念と呼ばれることから，
容易に想像されることである。前者の組と後者の組との違いは，ヒュームの言う意
味の，「情念の対象」が異なることにある。誇りと卑下の向かう対象は，自己であっ
たが，愛と憎しみの対象は，他人である。

間接情念と言ったり，情念の向かう対象と言ったりすると，これら四つの情念の
構造は，複雑なのかと読者は最初思うであろうが，しかしヒュームは，愛も憎しみ
も，誇りと卑下と同様，いずれも単純印象であると言う。その意味は，それらに定
義を与えることはできないということであり，ヒュームはさらにまた，そうした情
念は，われわれの日常的な感じや経験から，それ自体十分に知られているものであ

20）ちなみに，この発言をさらに拡張すれば，ヒュームの立場は，自然現象が量的に見られうる
　　限り，自然法則の数量化も斥けないものだ，と解しうる。

るから，定義する必要もない，とも言う。ちなみに，自己愛は，「愛」という言葉の本来の意味で用いられていないと，ヒュームは述べている。自己愛の生み出す感情は，友人や恋人によって引き起こされる，優しい情動を全く含んでいない，と (*T. 2. 2. 1. 2*)。

　さて，ヒュームについて少し知識のある方には余計な説明であろうが，ここで言われている対象は，これらの情念の「原因」ではない。なぜなら，ここで「対象」と呼ばれているものは，その対象だけでは，これらの情念を引き起こすには十分ではないからである。

　愛と憎しみの原因を考察すると，これらの原因が，極めて多様であること，また共通している点は多くはないことが分かる。この点をさらに分析して，対象の持つ作用の性質と，性質が置かれる基体を区別せねばならない，とヒュームは結論する。これらのことは，誇りと卑下においても言えたことである。ここで一般的に言えることは，愛と憎しみの対象は「思考する，ある人物」であり，愛の感情は快く，憎しみの感情は不快であるということである。ヒュームはさらに，次の二つのことを，ある程度の蓋然性を持って仮定できるだろう，と言う。(1) 愛と憎しみの原因は，ある人物（すなわち思考する存在者）に関係するということ，(2) 愛の原因は，愛とは別個の快（印象）を生み出し，憎しみの原因は，憎しみとは別個の不快（印象）を生み出すということである。

　しかしヒュームによれば，(1) は単に蓋然的にそう想定できるというだけではない。(1) は明らかに成り立つ。なぜなら，徳はそれを持つ人物への愛と尊敬を生み出すが，抽象的に考えられた徳は，尊敬を引き起こさないからである。(2) は，少し手が込むので後 (*T. 2. 2. 2* 以降) において論ずる，とヒュームは言う。そして第1部での議論（対象が自己であった時の議論）を転換して，第2部の議論（対象が他人である時の議論）へと向かう，と。ここには，もちろん，人類の持つ共通構造の存在が前提されている。誇りと愛と尊敬は，同じ性質（たとえば，徳や才知，美しさなど）によって生み出される。ただ，その性質を持つ人物が異なる。誇りの場合その性質の所有者は自己だが，愛や尊敬の場合，その所有者は他人である。

　ここでヒュームの論述は，第2部の議論を，第1部の議論を転換することによって支持するということに向かうが，そのための実験というのが，われわれのここでの考察の本来の話題であった。ただしわれわれは，そこで実験と言われていることの意義を考察するのを目的としているのであって，それら八つの実験そのものを考察するのではない。

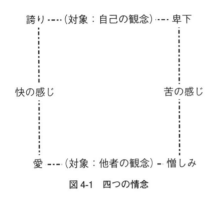

誇り ----(対象：自己の観念)---- 卑下

快の感じ   苦の感じ

愛 ----(対象：他者の観念)- 憎しみ

図4-1 四つの情念

まず実験における想定事項を述べておこう。私（ヒューム）は，今，これまで友情や敵意のような気持ちを全く抱いたことのない人物と一緒にいるとしよう。この場合，私は，これら四つの情念の，自然で，究極的な対象を，眼前に置いていることになる。つまり，私自身が，誇りまたは卑下の本来の対象である場合であり，もう一人の人物が，愛または憎しみの対象である場合である。次に，これら四つの情念の本性と，互いに対する位置関係に注意してみよう。明らかにここでは四つの関係が，いわば正方形を成している（図4-1参照）。すなわち互いに等しい関係と距離とに置かれている。誇りと卑下の情念と，愛と憎しみの情念とは，それぞれそれらの対象が同じであることで互いに結び付いており，その対象は第一の情念の組では自己であり，第二の組では誰か他人である。これら情念の組を結合する二本の線が，正方形の対辺を成す。また誇りと愛とは快い情念であり，憎しみと卑下とは苦ないし不快な情念である。誇りと愛，卑下と憎しみの間の感じが，類似していることが，新しい結合を作り，正方形の他の二辺を成すと考えることができる。誇りは卑下と，愛は憎しみと，それらの対象，すなわち観念によって結び付いており，誇りは愛と，卑下は憎しみと，それらの感じ，すなわち印象によって結び付いている。

さてヒュームによる実験は，ここで今上に述べた実験構成の想定事項を，一つずつ変えていくという形で進む。第一の実験は，私は誰か他人と一緒にいるとして，提示される対象は，これら四つの情念のいずれに対しても印象の関係も，観念の関係も持たないものであると想定する。この場合，四つの情念のいずれをも生み出さないことは（それぞれの情念について順番に試してみるがよい）明らかである。第二の実験は，関係の観念だけ与えてみるというものである。それも，やはりこれらの情念を生み出すことはないであろう。では第三の実験として，印象の関係だけを与えて見よ。快か不快な対象であるが，われわれにも相手にも何の関係もない対象を与えて見よ。この場合も，同じこと（四つの情念の一つも現れてこない）であろう。このように，情念の起こる状態としてヒュームの与えた想定を少しずつ変えていく実験を行って，ヒュームは自分の最初の想定事項が正しいという結論に至ることになる。

　ここに言う実験は，実際の実験というよりは，時にアプリオリな議論でもあり，思考実験である。否，現代的な意味では，実験とは言えないであろう。しかし，われわれが見て取るべきは，この事例は，因果関係の場合とは違ったやり方ではあるが，情念の理解の正しさをいわばヒュームが自ら弁証しているということである。情念についての彼の分析は，情念の主観的理解ではなく，情念という事柄が，実験を経て，一般的，客観的に受け取られてよい構造を持つこと，つまり情念の核心がいかなるものであるかを示す手続きを述べるものである。そういう手続きが，彼によって取られているということが，大事な点である。加えて言うなら，「情念論」のこの第２部は，第１部の議論と平行な構造を持つことを示すことによって，相互の根拠の重みを高め合う議論となっているということも，ここで見て取るべき大事な点の一つである。ヒュームの主張，すなわち実験的推論法を道徳的善悪正邪の問題ないし精神的な事柄に導入するという彼の主張は，経験論の議論の，単なる主観性から来る弱さを，できるだけ除去することを目指していた。

4　人間本性という概念

　しかし，ここで疑問が出てくるかもしれない。それはわれわれの議論の出発点まで戻ることになる疑問であるが，そもそもどういう根拠でヒュームは，人間本性という概念をまず用いることができたのか。つまり彼は，人間本性をも，観察と経験から取り出されなければならないはずである。事実，ヒューム自身そう言っている（*T.* Intr. 7, p. 4）。もちろんヒュームにとって人間本性は，知性と情緒を併せたもののことであるから（*T.* 3. 2. 14），人間の心に現れる知覚の中に見て取れる事柄であろう。この二つは，それぞれ『本性論』第１巻で知性論，第２巻で情念論として論じられている。そして第３巻の「道徳論」は，第１，第２巻の議論にもとづいて展開されている。このことは，「読者案内（Advertisement）」においてヒュームが次のような断りを入れていることから見ても明らかである。すなわち，「道徳論」はこれまでの抽象的で難解な議論を含んでいた二巻からある程度独立であるが，「印象」と「観念」という語句は以前と同じ意味で用いる（*T,* p. 292），と。実際，心に現れる知覚を観念と印象に分けたヒュームは，「道徳論」第１部では，理性（観念の次元）と情念（印象の次元）とが持つ性質にもとづき，理性道徳論を退け，道徳感情論を弁護しており，切れ味のよい議論を展開している。理性は，行為や情緒に影響を与ええないゆえに，道徳的規則を作りえない（道徳感情論の消極的理由）。道徳的規則は，

人間の行為に関わるものであるゆえに，それは印象（活力ある知覚）から生まれるものでなければならない（道徳感情論の積極的根拠）。逆に言えば，第3巻「道徳論」は，第1巻，第2巻の議論を確認するものである。

しかし，そうだとしても，「人間本性」の内実と，社会における諸問題（正義，財産，約束，政府など）についての彼の主張や議論とは，循環論になるのではないか。道徳論第2部以下の議論はどうなっているのかを検討する必要がある。それについてここで詳細に論ずることは残念ながらできないが，指摘しておきたいことがある。

第2部の論題は，「正義および不正義について」であるが，そこでの社会的規則についての説明は，何らかの規則を人間本性の概念から演繹するという形のものでなく，むしろ現存する既成の規則について，それら規則が成立した理由ないし根拠を述べるという形のものである，ということである。規則の根拠となるのは，人間本性の事実でなくてはならない。たとえば彼は「共感」の原理を活用する。しかし，人間本性の概念から，あるべき規則を演繹的に導出するというようなことは，彼の試みることではない。彼は道徳のユークリッド的な演繹体系を作ろうとしているのではない。もちろん，人間本性に適わない，あるいは反するような主張は，当然，退けられる。たとえば，社会正義が人間の本性（公共的利益への顧慮や人類愛）から生じたとか，私的な善意から生じたというような考えは，人間本性はそのようなものではないとして退けられ（T. 3. 2. 1. 17），社会契約説は，事実に合わないとして退けられる。代わりに正義観念の成立の説明のため出されるのは，コンヴェンションという考えである（T. 3. 2. 1. 11）。しかしコンヴェンションの成立は，人間が自然本性的に利己的であるという事実の中で，いわば因果性によって事後説明される。ここで説明というのは，利己的という性質から演繹，あるいはそこへ還元される，という意味ではない。コンヴェンションを守ることが人びと（自分をも含めて）にとって有益（社会的効用がある）と人びとが思うゆえに，人びとがそのコンヴェンションを次第に認め，暗黙の裡にそれに従い，自然に人びとはそれを守ることになるというのが，彼の説明である。それゆえコンヴェンションの成立は，一種の慣習にもとづく事実とも解されている。この意味では，その成立は人為的とされているが，それは人間が意図的，計画的に作り出したという意味ではない。ヒュームは，その成り立ちを，自然が打ち立てた詭弁であると言っている（T. 3. 2. 1. 17）。ゆえにコンヴェンションは，人間も含めた自然が作ったという意味では，人間ではなく，むしろ自然（人間本性）が生み出したものである。実際，この意味で彼は自然主義に立つと評されるようになったとも言えよう。しかしこれらのことは，ヒュームが人間本性の

探究を行わなかった，あるいは，そういう探究を推奨しなかったということをけっして意味しない。また彼が，「人間本性」という観念を棄却したということでもない。彼が示したのは，「正義」という規則の成立が，人間本性（利己的であることを主要な性質とする）という枠の中で肯定できることを，実験的推理によって説明できるということであろう。そして，そのことによって，「正義」という規則は，実験的事実として認められることになる（cf. *T.* 3. 2. 2. 5, p. 313; *T.* 3. 2. 24, p. 320）。つまり，正義の規則と「人間の学」とは，相補的に互いを確かめ合うという関係にある。

　彼は『本性論』の後に書いた『人間知性研究』においても「人間の行為には，あらゆる国家と時代とにおいて大きな一様性があり，人間本性とそのはたらきとは，変わらず同一のままである」とか，「人類は，あらゆる時と場所において，非常に多くの点で同じなので，歴史はこの点で，なんら新しいことも珍しいことも教えてくれない」と言って（*EHU.* 8. pt. 1. 7, p. 150），人間本性の確定した観念の存在を支持しているような発言をしている。だが続いて彼は，人間本性の同一は事実によって支えられるという意味の発言をしている。すなわち，歴史の主な用法は，人びとをあらゆるさまざまな状況と条件とにおいて示すことによって，そして，われわれが観察を形成し，人間の行為と行動との規則的な源泉を見知るようになるための材料をわれわれに提供することによって，人間本性の恒常的で普遍的な諸原理を発見し，われわれが観察する素材を形成し，われわれが人間の行為や振る舞いの正常な動機を知らしめることにのみある（ibid.），と（歴史重視はベーコンの自然的歴史の考えの影響でもあろうか）。たとえば，戦争，陰謀，党派争いなどの記録は，非常に多くの実験（experiments）の集積であり，政治家や道徳哲学者は，それを用いて彼らの学・知識の諸原理を定めるのである（ibid.）。また，「長い人生や，仕事，社会的交流などを通じて獲得された経験（experience）にも同様な利益があり，われわれに人間本性の諸原理を教え，われわれの未来の行為や，同じく考察を規制する」，とも言う（*EHU.* 8. pt. 1. 9, p. 151）。

　われわれも，人間が大体において一様性を持つことを，否定しようとも，また否定できるとも考えないであろう。そもそも人間本性に学問の基礎を置こうというヒュームの試みは，「人間本性」の一様性をある意味で前提しなくては成り立たない。しかし他方，そのような一般性の成立をいかにして主張しうるか。ヒュームには形而上学的な主張は許されない。彼は，おそらく実験的推論によって「人間本性」をさらに探究し，より確定して見せねばならない。ここには人間本性の一様性の決定に関し，循環があると指摘されるであろう。

　確かにここには手続きの循環あるいは回帰がある。しかし，それは悪循環ではない，と私は考える。それは，経験的な理論の作成には必要な循環である。観察上確かと見なされる諸事実（$b_1, b_2, b_3, \cdots\cdots$）を基礎に一つの理論 T_1 を作った科学者は，そうした基礎事実のどれかが正しくないことが見出されたり，あるいはこれまで見出されなかったが T_1 では説明できない新しい事実 b_j が発見されたなら，それらのことを含めて新しい理論 T_2 を作るという手順を踏むであろう。実際ヒュームは，そのようなことを自覚的に行っていることは，すぐ次に出てくる彼の発言で明らかである。すなわち，そういう（長い人生や，仕事，社会的交流などを通じて獲得された）経験の導きによって，「われわれは人間たちの行動の動機と諸傾向との知識（knowledge）へと上昇する（mount up）。そして再び，これらの行動の動機と諸傾向との知識から，人びとの行為の解釈へと下っていく。経験（experience）の流れによって蓄得された一般的観察は，われわれに人間本性への鍵を与え，そのさまざまに入り組んだあらゆる事柄の解明を教える。もはや口実や見せかけが，われわれを欺くことはない」，(*EHU.* 8. pt. 1. 9) と彼は言っている。こういうフィードバック・ループ（feedback loop）を通して，人間本性の探究は次第に深まっていくであろう。これは現代でも科学者たちが研究に際して取っている手順である。「人間本性」という観念がこういう手順を必要とするという自覚は，ヒュームにおいては，「人間本性の存在」という事柄が，彼が哲学的考察を始めた時すでにある意味では，ある程度，実験的事実であった（歴史の存在によって）ということ，そしてまた人間本性についての知識は，さらに上昇（一般化）し深化（事柄の真実へとより接近）するものであろうことをも示すものでもある。つまりヒュームは人間本性を明らかにするために実験的推論を用いているということを，われわれは認めねばならない。そして，それは彼の哲学の全体構想を認めることでもあり，ひいては観念説の弁護になるかもしれない（ちなみに，ヒュームの観念説は，われわれの知識の更新・発展の説明に適している）。

5　エピローグ

　ヒュームの「人間本性」という言葉を聞くと思い出すのは，ホッブズの哲学である。その理由の一つは，彼には同名の著述があるからである[21]。彼の最も有名な著

---

21) *The Elements of Law*, pt. 1, Human nature, 1640.

作は『リヴァイアサン』（1651 年）であろうが，他にも彼は，自分の哲学的体系を示すものとして，多くの著書，たとえば，いわゆる「三部作」を書いている。それは形而上学的前提（唯物論と機械論）から出発し，『物体論』（1655 年），『人間論』（1658年），『市民社会論』（1642 年）という形で彼の哲学の演繹的な体系を展開したものであるが，その『物体論』[22) の第 1 部第 6 章（「方法について」）第 6，7 節で，彼は次のように論じている（念のために断わっておくが，すでに述べたように，彼は，人間の思考の対象はすべて感覚に起源を持つと主張しており，その点では経験論者である）。

　第 6 章第 6 節を彼は，原理から出発して事物の説明に至るという，いわゆる綜合的な論述（知的体系の段階的構成）についての説明から始める。その議論に従うと，ホッブズの体系では，「幾何学」と言われる哲学の部門がまず出発することになる。そして，次は，一つの運動が，他の物体にどんな運動を与えるかが問題となり，「運動学」という哲学部門が発生することになる。その次には，運動が生み出す結果（感覚される諸性質，光，色，……など）についての学問「自然学」が成立することになる。自然学の次に来るのは，道徳哲学であるとされる。道徳哲学が，自然学の後に来る理由は，われわれの心の運動（感覚的諸性質）は，われわれの感覚の原因を知らねば理解できないであろうからとされる。これら二つ（心の運動と感覚の原因）は，自然学の課題である。道徳哲学の次は，市民社会学であるが，ここで彼は微妙な発言をしている。それは第 7 節に見られる。

　第 7 節の表題は，「感覚から出て諸原理へ進むものである市民社会の学問と自然学の方法は，分析的である。そしてまた，諸原理から始める学問の方法は，綜合的である」となっている。この節は次のように始まる。

　「市民社会の哲学と道徳哲学とは，互いにそれほど密接に付着していない。むしろ，両者は切り離しうる。なぜなら，心の運動の原因は，論理的推論によってのみならず，そうした運動を自らのうちに観察するする労を採るいずれのひとの経験によっても，知られるからである。それゆえ，綜合的方法によって，つまり哲学のまさに第一原理から出発した人だけが，心の持つ情念（passion）と動揺（perturbation）に至り，同じ道を進んで，コモンウエルスを構成する諸原因と必然性に至り，自然権とはいかなることかとか，市民社会の人びとの義務とはいかなるものかということの知識を，そして，どのような種類の政府においてもそのコモンウエルスの権利はいかなるものかを，そしてまた，市民社会の哲学に属する他のすべての知識を，知る

---

22) Thomas Hobbes: *De Corpore*, 1655.

に至るのではない。このゆえに，社会政治学の諸原理は，心の運動の知識に懸かってはいるが，しかし哲学の最初の部分，すなわち幾何学，および自然学を学んだことのない人ですら，やはり，分析的方法によって市民社会の哲学の諸原理に到達しうるのである。なぜなら，……」（*De Corpore*, 6, 7, pp. 73-4：傍点は原文イタリック）。

　なぜ私がヒュームを論じながら，ホッブズを想い出すかを，もう少し詳しく言えば，ヒュームが人間本性という観念を用いている仕方は，ホッブズならば哲学の最初の原理から構成するであろう概念を，分析的論述の方法，つまりヒュームのいう実験的推論によって深め，豊かにしたのであるように感ずるからである。そして，そのことが可能だとホッブズが述べているように思われるからである。

　市民社会の哲学を学問的に打ち立てようとした最初の人は，ホッブズであるかもしれない。少なくとも彼はそう自覚している。「（ケプラー，ガリレオによる）自然哲学は，だから，まだ本当に若い。しかし，市民社会の哲学（civil philosophy）は，私の著作である『市民社会論（*De Cive*）』よりもなお若い」と（*De Corpore*. Ded.: EWi, p. ix: 1655 年出版。『市民社会論』は，1642 年出版）。しかし市民社会の哲学を，より慎重に経験論的に開拓したのは，ヒュームではないのか，というのが私の感想である。ヒュームは，分析的方法を貫いた。ちなみにホッブズは，上記の引用の少し後で次のように言っている。

　「それゆえ，以上述べたことから，次のことは明白である。すなわち，哲学の方法は，何らかの個々の問題に向かうことなく，端的に学問を探究する人には，部分的に分析的であり，部分的に綜合的である。すなわち，感覚から出発して，原理の発明に向かう人には，分析的であり，その他の人には，綜合的である」（*De Corpore*, 6. 7, p. 75）。ヒュームは，もっぱら分析的であった。それを可能ならしめたのが，彼の実験的推論という考えの導入ではなかったろうか。彼は『人間論』を分析的な仕方で論じ，その成果をも踏まえて，「道徳論」ないし「市民社会論」を分析的なスタイルで論じた。彼は，探究の姿勢のみならず，論述の仕方においても徹底的な経験論者であった，と言うべきではないであろうか。

　この節で述べたことは，脱線であると思われるかもしれないが，イギリスにおける経験論の流れを，社会思想に関して考察する場合，ホッブズの議論を考慮するべきではないか，という示唆をしたつもりである。ヒュームがホッブズを正面から取り上げているところはほとんどないが，両者の議論の異同を考察することは，有益であるように思う。

第5章

カントの超越論的観念論

その特徴と形而上学の再建

内田浩明

1 はじめに

自身の哲学を「批判哲学」や「超越論哲学」と称してから,カント (Immanuel Kant, 1724-1804) の哲学は今日でもそのように呼ばれることが多い。前者に関しては,言うまでもなく『純粋理性批判』(第1版1781年／第2版1787年,以下,『批判』)をはじめとして三批判書を著したからであり,「超越論哲学」と言われるのは,「超越論的」という語を従来とは異なった意味において用い[1],超越論哲学の構想を示したからである。

カントは『批判』(第2版)で「超越論的」を次のように定義している。「対象にというより,むしろ対象一般についてのわれわれの認識の仕方——それがアプリオリに可能であるべきかぎりにおいて——に関係する一切の認識を私は超越論的と名づける」(B25[2])。カント哲学には「アプリオリな総合判断」や対象・客観と主観の関係を逆転させる (cf. B XVI),いわゆる「コペルニクス的転回」など,独自の概念や発想は他にもあるが,先の引用の「対象」ではなく「対象一般についてのわれわれの認識の仕方」,しかもそれが「アプリオリに可能であるべきかぎり」という文言から,「超越論的」という術語が「アプリオリな総合判断」と「コペルニクス的転

---

1) カントも『批判』以前には,「超越的」と「超越論的」を互換的に使用し,カントと同時代のランベルトやテーテンスにおいても両者の概念的区別はかならずしも明確ではなかったことが指摘されている。佐藤慶太「『純粋理性批判』第一版における「超越論哲学」の構想」(『現代カント研究 14』所収),晃洋書房,2018年。また,中世を視野に入れカントの「超越論的」を考察したものとしては,中野裕考「超越範疇「一」「真」「善」を手引きに批判哲学の体系的連関を解釈する試み」(同書所収)が挙げられる。
2) カントの著作からの引用は,いわゆる『アカデミー版カント全集』の巻号をローマ数字で,ページ数をアラビア数字で,それぞれ本文中に記した。ただし,『批判』に関しては,慣例に従い第1版をA,第2版をBとした。なお,引用文中の傍点は引用者強調との表記がないかぎりゲシュペルトを表す。

回」，さらには「理性能力一般の批判」（cf. A XII）というカントの言う「批判」さえも念頭に置きながら定義されたものであることが分かる。その意味において「超越論的」という語にはカントの哲学的立場が集約されていると言える。

その「超越論的」に「観念論」を付した「超越論的観念論」は，批判期以降のカント哲学に通底する根本的思想であるだけでなく，修正されながらもドイツ観念論にも受け継がれていくことになる。たとえば，シェリング（Friedrich Wilhelm Joseph von Schelling, 1775–1854）の『超越論的観念論の体系』（1800 年）はその好例と言えるだろう。このように「超越論的観念論」はカント以降の西洋哲学において重要な役割を果たしている思想である。

しかし，意外なことに，カントは公刊著作で「超越論的観念論」という表現をそれほど用いていない[3]。『プロレゴーメナ』（1783 年）以降，カント自身はむしろ「形式的観念論」や「批判的観念論」と呼ぶようになる。その後，カントがふたたび「超越論的観念論」について繰り返し言及するようになるのは，最晩年の遺稿『オプス・ポストゥムム』においてである[4]。カントが「超越論的観念論」という名称を意図的に避けるようになった要因の一つは，フェーダー（Johann Georg Heinrich Feder, 1740–1821）とガルヴェ（Christian Garve, 1742–1798）による『批判』初の本格的書評である『ゲッティンゲン月報』（以下，「フェーダー・ガルヴェ書評」と記す）においてカントの「超越論的観念論」がバークリ（George Berkeley, 1685–1753）の観念論と本質的に同じだ，と評されたことが関係している。逆に，『オプス・ポストゥムム』においてカントが再び「超越論的観念論」という語を復活させた背景には，シェリングも含め 1800 年前後には「超越論的観念論」というタームがかなり定着していたことが大きく関係していると考えられる。

本章の最終的なねらいは，哲学史的観点にも留意しながら，カントの「観念論」の特徴と彼の形而上学再興への企図を浮き彫りにすることである。そのために，まず「観念論」というタームがカント以前にどのような意味で使われていたのか，そして，いささか迂路を経ることになるが，イギリスの哲学者・思想家の著作が数多くドイツ語に翻訳されるなか「観念」がどのようなドイツ語として訳されているのかを確認する（第 2-1 節）。次に，カントが「観念」にどのようなドイツ語を充てた

---

3)『批判』では，A369, A370, A490/B518, A491/B519, A491/B520，また『プロレゴーメナ』でも IV 294, IV 337, IV 373 などに限られる。

4)『オプス・ポストゥムム』の中でもとりわけ最晩年に書かれた草稿群において，自己定立・自己構成やスピノザ主義との関連で何度も使用される。Cf. e.g. XXII 55, 97, XXI 13, 50, 63, 99.

のか，およびその背景を探る（第2-2節）。そこからカントの「超越論的観念論」の
最大の特徴とも言える「現象」と「物自体」に基づく二元論について瞥見し（第3-1
節），そのうえで最後に，「物自体」という問題を残しつつも形而上学再建というカ
ントの宿願とも言える目標との関係について若干の考察を試みたい（第3-2節）。

2 観念説と観念論，および idea のドイツ語訳

2-1 唯物論（者）との対比で使われた観念論（者）

　そもそも「観念論」というタームは 17 世紀以前には存在せず，「観念論」に繋がる
「観念論者」という言葉を用いたのはライプニッツ（Gottfried Wilhelm Leibniz, 1646–
1716）であるとされる[5]。ライプニッツは，『歴史批評辞典』（初版 1697 年）の著者
として知られるピエール・ベール（Pierre Bayle, 1647–1706）が予定調和説に対する
批評を行ったことへの応答として，18 世紀初頭に「ベール氏の批評辞典第 2 版にお
ける予定調和の体系に関するロラリウスの項に所載の省察への応答」を執筆するが，
そこでライプニッツは「観念論者（Idealiste）」として「プラトン」の名を，「唯物論
者（Materialiste）」としてデモクリトスの原子論から大きな影響を受けた「エピクロ
ス」の名を挙げている[6]。

　しばしばライプニッツ-ヴォルフと言われるように，ヴォルフ（Christian Wolff,
1679–1754）もライプニッツのこうした用法を踏襲し，「観念論者」を「唯物論者」
に対置させている。たとえば，ラテン語で書かれた『合理的心理学』（1734 年）にお
いて「観念論者」は次のように定義されている。「物体の観念はわれわれの魂の内に
存在しているにすぎないと主張し，この点でまた，世界と物体の真の存在［＝世界
と物体が現実に存在すること］を否定する者たちは観念論者と言われる」。そして続
けて，「バークリ」の名が「観念論者」として挙げられている[7]。あるいは，カント
が講義の教科書として長年愛用したバウムガルテン（Alexander Gottlieb Baumgarten,

5) Cf. Historisches Wörterbuch der Philosophie vol. 4, ed. by Joachim Ritter, Karlfried Gründer, Schwabe, p. 30.
6) Gottfried Wilhelm Leibniz, Reponse aux reflexions contenues dans la seconde Edition du Dictionnaire Critique de M. Bayle, article Rorarius, sur le systeme de l'Harmonie preétablie. In: Die philosophischen Schriften von Gottfried Wilhelm Leibniz vol. IV, ed. by C. J. Gerhardt, Berlin 1965, p. 560.
7) Cf. Christian Wolff, Psychologia rationalis, édition critique avec introduction, notes et index par J. École, Gesammelte Werke, 2. Abt. Lateinische Schriften, vol. 6, Hildesheim/ New York 1994, § 36, p. 25.

1714-1762）の『形而上学』（初版 1739 年）でも「この世界において精神だけを認める者は観念論者である」とされている[8]。これらのことからまず言えることは，ヴォルフやバウムガルテンにおいては，観念論者が「世界」や「物体」の存在を否定し，「魂」ないしは「精神」の存在とその内に存在する観念だけを容認する者とされ，「物体」と「精神」の対立図式のもとに観念論者を捉えている点である。

　すでに触れたように，ヴォルフは「観念論者」としてバークリの名を挙げているが，ここで留意すべきは，「観念説」と言われるものとは異なったコンテクストにおいて「観念論者」という言葉が使われていることである。つまり，デカルト（René Descartes, 1596-1650），ロック（John Locke, 1632-1704），バークリ，ヒューム（David Hume, 1711-1776），トマス・リード（Thomas Reid, 1710-1796）等のように観念について多くの言及を行い，場合によっては「観念」を中心に哲学を展開している哲学者に対して本書では原則として「観念説」という言葉を充てているが，先のライプニッツ，ヴォルフ，バウムガルテンの場合，「観念」について何らかの説を提唱しているかどうかではなく，あくまで「唯物論者」との対比において「観念論者」という語を用いているのである。ちなみに，カントは「有名なロック」という表現でもってロックに何度か言及しているが，ロックの説を「自然学（Physiologie）」ないしは「自然学的」と呼び（cf. A IX, A86/B119, XVIII 9），「およそ人間が考える際の知性の対象」を「観念」[9]として定義したロックをけっして観念論者とは呼ぶことはない。こうしたことも「観念説」と「観念論」の意味の違いの傍証となりうるだろう。

　さて，「観念論」という語について言えば，英語，フランス語，ドイツ語は語尾の綴りを除くとほぼ同じ形をしている。しかし，「観念」については，ドイツ語の場合，若干事情が異なってくる。とりわけカントの場合は，そうである。というのも，カントにおいては魂の不死，神，自由（ないしは世界）という Idee は，「カテゴリー」である「純粋悟性概念」に対して，より高次の，無制約者を求める「純粋理性概念」つまり「理念」という独特の意味を持っているからである。

　そこで，以下では 17 ～ 18 世紀（とりわけ後者）の英語圏の著作を中心に英語の idea に対してどのようなドイツ語の訳語が充てられているのかをまずは瞥見し[10]，そのうえでカントがどのような訳語を充てているのか，そしてそれが何に起因するのかを明らかにしてみよう。

---

8) Cf. Alexander Gottlieb Baumgarten, Metaphysica, Hildesheim 1982, § 402, p. 128.
9) Cf. John Locke, An Essay Concerning Human Understanding, ed. by P. H. Nidditch, Oxford 1975, p. 47.

　まずロックの著作に関しては『人間知性論』(1689年)の独訳が1757年に公刊されているが[11]，そこでは Idea (観念) に対し原則としてドイツ語の Begriff (概念) が訳語として採用されている[12]。また，ロックの遺稿である『知性の導き方』(1706年) は『ジョン・ロック氏の遺稿集』(1706年) というタイトルで出版されたが，当該書でも「観念」は「概念」と訳出されている[13]。ちなみに，『人間知性論』はドイツ語に訳されるよりも先に，ラテン語訳が公刊されているが[14]，英語が不得手であったとされるカントは，このラテン語訳からロックの知識を得た可能性がきわめて高いと推量できる[15]。

　次にバークリの著作については『ハイラスとフィロナスの三つの対話』(1713年) の仏訳がまず出版され[16]，これを基にして1756年にドイツ語に翻訳されている[17]。この独訳では idea は，当時としては珍しく原則として Vorstellung (表象) と訳出されているが，やはり Gedanke (思考 [されたもの]) や Begriff という訳語も充てられ

---

10) ロック，バークリ，ヒュームに関してカントがどのようなかたちで彼らの著作に接したかを含め日本でも先行研究があるが，次の論考の第1節から多大な示唆を得た。冨田恭彦「カントの「一般観念」説と図式論」，『思想』no.1108所収，岩波書店，2016年，117–139頁 (特に119–121頁参照)。あるいは，冨田恭彦『カント入門講義　超越論的観念論のロジック』，ちくま学芸文庫，筑摩書房，2017年，101–112頁も参照。

11) Herrn Johann Lockens Versuch vom menschlichen Verstande. Aus dem Englischen übersetzt und mit Anmerkungen versehen von Heinrich Engelhard Poleyen. In: Locke in Germany: Early German translations of John Locke, 1709–61, vol. 4–5, selected and introduced by Konstantin Pollok, Bristol 2004.

12) 理由は不明だが，Begriff ではなく，Idee を充てている箇所も一部見受けられる。Cf. Poleyen, *op. cit.* vol. 4 p. 20.

13) Johann Lockens Anleitung des menschlichen Verstandes zur Erkäntniß der Wahrheit nebst desselben Abhandlung von den Wunderwerken. In: Locke in Germany: Early German translations of John Locke, 1709–61, vol. 1, selected and introduced by Konstantin Pollok, Bristol 2004, p. 24.

14) Johannis Lockii, Armigeri libri IV, De intellectu humano. In: Locke in Germany: Early German translations of John Locke, 1709–61, vol. 2–3, selected and introduced by Konstantin Pollok, Bristol 2004.

15) 冨田恭彦，前掲書2016年，120頁参照。なお，英語が不得手な理由は，カントが英語教育を受けなかったからとされる。この点についてはマンフレッド・キューン『カント伝』(菅沢・中澤・山根訳)，春風社，2017年，118頁を参照。

16) Dialogues entre Hylas et Philonous, trans. Jean-Paul de Gua de Malves, Amsterdam 1750.

17) Eschenbach, Johann Christian, Sammlung der vornehmsten Schriftsteller die Wirklichkeit ihres eigenen Körpers und der ganzen Körperwelt leugnen. Enthaltend des Berkeleys Gespräche zwischen Hylas und Philonous und des Colliers Allgemeinen Schüssel. Übersetzt und mit widerlegenden Anmerkungen versehen nebst einem Anhang, worin die Würklichkeit der Körper erwiesen wird, Rostock 1756.

ている[18]。ルソー（Jean-Jacques Rousseau, 1712-1778）の『エミール』（1762 年）に熱中するあまり日課である午後の散歩を失念したというカント自身が語った有名な逸話からカントは仏訳で『ハイラスとフィロナスの三つの対話』を読んだ可能性も拭えないが，独訳所収のバークリの『哲学的著作集』（第 1 巻，1781 年）はカントの蔵書目録に見られる[19]。このことを勘案すると，カントが独訳で読んでいた可能性の方が高いと考えられる。実際，『批判』（第 1 版）ではバークリの名が登場することはなく，公刊著作においてバークリの名が見られるのは『プロレゴーメナ』と『批判』（第 2 版）に限られ，『レフレクシオーン』と呼ばれるカントの覚書でも前批判期に観念論とは全く別の文脈において書き留められたもの（cf. XV 672）と 1790 年以降に記された「観念論論駁」に関する覚書（cf. XVIII 610）に留まる。また，いわゆる批判期以降について言えば，1792 年 11 月と 12 月の J. S. ベック（Jacob Sigismund Beck, 1761-1840）宛書簡にその名が見られる程度である（cf. XI 384, 395）。これらを考慮に入れると，冨田氏の指摘する通り[20]，1782 年 1 月に『ゲッティンゲン月報』においてフェーダーとガルヴェの手による『批判』の書評が掲載されるまで，カントはバークリにそれほど関心はなかったと考えられる。

　ヒュームの『人間本性論』（1739 年）についてドイツ語初の全訳が出版されたのは，1790 年から 1792 年にかけてである[21]。カントがヒュームによって「独断のまどろみ」から目覚めさせられたのは『批判』執筆以前であるから（cf. IV 260），この翻訳から批判期のカントがヒュームに関する知識を得たとは考えられない[22]。一方，『人間知性研究』（1748 年）のドイツ語初訳は，1754 年から 1756 年にかけてズルツァー（Johann Georg Sulzer, 1720-1779）が編者となって出版された 4 巻からなる『デヴィッド・ヒューム氏著作集』の第 2 巻に収められている[23]。この『著作集』もカントの

---

18) Stadelmann, Elke, Philosophie aus Besinnung des Denkens auf sich selbst: Berkeley und Kant, Frankfurt am Main 1999, p. 27 を参照。また，Winkler, Kenneth P., "Kant, the Empiricists, and the Enterprise of Deduction". In: Paul Guyer (ed.), The Cambridge Companion to Kant's Critique of Pure Reason, Cambridge 2010, p. 47 の注 13 も参照。

19) Cf. Warda, Arthur, Immanuel Kants Bücher, Verlag von Martin Breslauer, 1922, p. 46.

20) 冨田恭彦，前掲書 2016 年，120 頁を参照。

21) David Hume, Über die menschlichen Natur. Aus dem Englischen nebst kritischen Versuchen zur Beurteilung dieses Werks von Ludwig Heinrich Jakob 3Bde. Halle, 1790-1792.

22) ただし，ハーマン（Johann Georg Hamann, 1730-1788）が 1771 年に匿名で『ケーニヒスベルク学術政治新報』において「ある懐疑論者の夜想」という作品を発表しており，これは『人間本性論』第 1 部の結論をドイツ語に訳したものであって，カントもそのことを知っていたとされる。この点についてはキューンの上掲書，389 頁以下を参照。つまり，この時期，部分的にカントがヒュームを知っていた可能性は否定できない。

蔵書目録に見受けられるため[24]，カントがこの独訳を読み，そこからヒュームに関する知識を得た可能性が極めて高い。そして，この著作集でも「観念」はやはり「概念」と訳されている。ちなみに，時代が少し下った，1793 年のテンネマン（Wilhelm Gottlieb Tennemann, 1761–1819）訳[25]では，先のズルツァー編の著作集と違って，「観念」に対して「表象（Vorstellung）」が充てられている。これは，副題にラインホルト（Karl Leonhard Reinhold, 1757–1823）の名が入っていることから察しがつくように，この翻訳の「序文」は実はラインホルト自身の論文であり，彼の影響が強くはたらいていると考えられる。

　いずれにせよ，バークリの独訳は除くとしてもロック，ヒュームの「観念」には基本的にはドイツ語の Begriff が訳語として充てられている。こうしたことは何もロックやヒュームの著作に限ったことではない。同時代の道徳哲学や美学関連の著作に関してもほぼ同じことが言える。紙幅の都合上，ここでは詳論できないが，前批判期にカントが興味を寄せている思想家の一人であるハチスン（Francis Hutcheson, 1694–1746）の『美と徳に関するわれわれの観念の起源の研究』（1725 年）や『道徳哲学の体系』（1755 年）がドイツ語に翻訳された際，やはり「観念」は「概念」と訳されている[26]。あるいは，美学関連で言えば，バーク（Edmund Burke, 1729–1797）の『崇高と美のわれわれの観念の起源についての哲学的探求』（1757 年）が1773 年に独訳されているが，注で示した独訳のタイトルが如実に物語っているように，「観念」はやはり「概念」である[27]。以上のように，1750 年代から 1770 年代の独訳を見る限り，英語の「観念」はドイツ語では「概念」と訳されることが圧倒的に多く，一般的であったと言える[28]。

---

23) Philosophische Versuche über die Menschliche Erkenntniß von David Hume, Ritter Als dessen Vermischter Schriften Zweyter Theil. In: Reception of the Scottish enlightenment in Germany: six significant translations, 1755–1782, vol. 1, edited and introduced by Heiner F. Klemme, Bristol 2000.

24) Warda, *op. cit.*, p. 50.

25) David Humes Untersuchung über den menschlichen Verstand, neu übersetzt von M. W. G. Tennemann nebst einer Abhandlung über den philosophischen Skepticismus von Herrn Professor Reinhold in Jena. Jena, im Verlag der akademischen Buchhandlung, 1793.

26) Cf. Hutcheson, Francis, Sittenlehre der Vernunft, translated by Gotthold Ephraim Lessing. In: Reception of the Scottish enlightenment in Germany: six significant translations, 1755–1782, vol. 2–3, edited and introduced by Heiner F. Klemme, Bristol 2000, vol. 2, p. 48.

2-2 観念の訳語としての表象，およびその背景

では，カントは英語の idea にどのようなドイツ語を用いているのだろうか。結論から言えば，表象（Vorstellung）である。このことを明らかにするためには，ロックについて述べている箇所を引き合いに出すのが最適である。端的な例としてはカントの『プロレゴーメナ』の第 3 節が挙げられ，当該箇所においてカントはロックの『人間知性論』を引き合いに出し，ロックがすでに分析判断と総合判断の区分に対して「一つの示唆」を与えているという見解を示しながら，次のように述べている。「彼は，第 4 篇第 3 章第 9 節以下において，すでに前もって判断における諸表象のさまざまな結合とそれらの諸源泉について語った……」（IV 270）。カントは「諸表象」の「結合」と述べているが，『人間知性論』第 4 篇第 3 章第 10 節の節題は「なぜなら大部分の単純観念間の結合は知られないから」である。このように，ロックの観念に対してカントは概念ではなく，表象というドイツ語を充てている。

では，なぜカントは idea に相当する語として表象を選んだのだろうか。それは，ヴォルフの影響が強くはたらいていたからだと考えられる。イギリスやフランスなどの当時の文化先進国がラテン語から母国語で叙述することへと転換を図るなか，ライプニッツも学術用語を含めさまざまな言葉をドイツ語に置き換えることを『ド

---

27) Burke, Edmund, Philosophische Untersuchungen über den Ursprung unsrer Begriffe vom Erhabnen und Schönen, translated by Christian Garve. In: The reception of British aesthetics in Germany: seven significant translations, 1745–1776, vol. 6, edited and introduced by Heiner F. Klemme and Manfred Kuehn, Bristol 2001.

28) もっとも，Begriff 以外の訳語も見受けられる。たとえば，リードの『常識（common sense）の原理に基づく人間精神の研究』（1764 年）の独訳（1782 年）では，「観念説（the theory of ideas）」や「抽象観念」の「観念」に Idee という訳語が充てられている。Cf. Thomas Reid's, DD. Lehrer der Moral auf der Universität zu Glasgow, Untersuchungen über den menschlichen Geist, nach den Grundsätzen des gemeinen Menschenverstandes. In: Reception of the Scottish enlightenment in Germany: six significant translations, 1755–1782, vol. 7, edited and introduced by Heiner F. Klemme, Bristol 2000, p. 5, p. 19.
また，翻訳ではないが，「ドイツのロック」とも言われるテーテンス（Johann Nikolaus Tetens, 1736–1807）は，1755 年の『一般思弁哲学について』においてロックやヒュームに関して叙述する際，観念に対して Idee という言葉を用いている（cf. Tetens, Johann Nicolaus, Über die allgemeine speculativische Philosophie, Bützow und Wismar1775. In: Neudrucke seltener philosophischer Werke, vol. 4, Berlin 1913, p. 58）。
そして，ごく稀にではあるがカントも観念に対して Idee という言葉を充てている。本文で示した IV 374 以外では，『オプス・ポストゥムム』で「われわれの内と外」について言及しているリヒテンベルク（Georg Christoph Lichtenberg, 1742–1799）に対して，「リヒテンベルクによれば，自ら創造した観念（Idee）の体系が存在する」（XXI 127）や「リヒテンベルクの観念による超越論哲学」（XXI 130），また，「スピノザの観念（Idee）について」（XXII 64）などがその好例である。

イツ語の鍛錬と改良に関する私見』（1717 年）などで考えていたようである[29]。しかし，その多くは定着せず現在は採用されていない。しかも表象という言葉もそこには見当たらない。これに比して，ライプニッツの志を受け継いだヴォルフはドイツ語という母語によって書物を著すことの重要性を指摘し[30]，今日われわれが目にするドイツ語の哲学の専門用語を考案し，定着させることに大きく貢献した。事実，今問題にしている idea について言えば，いわゆる『ドイツ語形而上学』（1719 年）ではドイツ語の表象にラテン語の idea が対応させられており[31]，ラテン語で著された『経験的心理学』（1732 年）でも Idea が「ものの表象」とされている[32]。その場合，もちろん真の実在というプラトン（Platōn, 427–347BC）のイデアではなく，われわれの心・精神・理性の対象・客観という意味での Idea が表象とされている。いずれにしても，上記のように，カントがラテン語 idea のドイツ語訳として Vorstellung を採用するのは，ヴォルフ（あるいはヴォルフ学派）からの影響である。

　「観念」を「ものの表象」と定義するヴォルフを熱心に学んだカントが「表象一般（レプラエセンタチオ）（Vorstellung überhaupt (repraesentatio)）」を最上位の「類（Gattung）」としつつ，表象を区分していることもカントの「表象」が，「観念」を「われわれの心が携わるすべての対象」とするロックと同様に，極めて広い意味で用いられていることの傍証になりうるだろう（cf. A320/B376f.）。もとより当該箇所ではドイツ語の Vorstellung に対してラテン語の idea ではなく，repraesentatio が充てられているし，そもそもこの引用箇所は経験を超え経験の対象とはならない認識不可能な「理念」について説明している章に属している。したがって，ロックの観念とカントの表象を完全に同一視することはできないが，しかし少なくともカントがヴォルフの影響を受け（ロックの）「観念」を，当時その一般的訳語であった「概

---

29) G・W・ライプニッツ，『ライプニッツの国語論』（高田博行・渡辺学編訳）所収，法政大学出版局，2006 年参照。

30) この点については，Wolff, Christian, Ausführliche Nachricht von seinen eigenen Schrifften, die er in deutscher Sprache herausgegeben : mit einer Einleitung von Hans Werner Arndt, Gesammelte Werke, 1. Abt. Deutsche Schriften, vol. 9, Hildesheim/ New York 1973, Cap. 2 を参照。

31) Cf. Christian Wolff, Vernünfftige Gedancken von Gott, der Welt und der Seele des Menschen, auch allen Dingen ürberhaupt, mit einer Einleitung und einem kritischen Apparat von Charles A. Corr, Gesammelte Werke, 1. Abt. Deutsche Schriften, vol. 2, Hildesheim/ Zürich/ New York 1983, p. 677.

32) Cf. Christian Wolff, Psychologia emprica, édition critique avec introduction, notes et index par J. École, Gesammelte Werke, 2. Abt. Lateinische Schriften, vol. 5, Hildesheim 1968. § 48 p. 30.

念」ではなく，「表象」ととらえていることは明らかになっただろう。

3　超越論的観念論＝経験的実在論，物自体，形而上学の再建

3-1　想定外だったバークリの観念論との同一視とカントの反論

　すでに触れたように，「フェーダー・ガルヴェ書評」において，カントの「超越論
的観念論」はバークリの説と何ら変わらないと批評されることになる。この「書評」
の冒頭部分ではカントの『批判』が「より高い観念論の，あるいは著者の呼び方で
は超越論的な（transscendentell）観念論の体系である。この［カントの］[33] 観念論は，
精神と物質を同じように包括し，世界とわれわれ自身を表象へと変ずるもの」[34]
と評されている。さらに評者は，カントの体系が「すべてのわれわれの認識は，わ
れわれが感覚と呼んでいるわれわれ自身のある種の変様（Modifikationen）から生じ
る」[35] と述べたうえで，次のような言い方でもってバークリに言及している。「感
覚がわれわれ自身の単なる変様にすぎないという把握（主にこの点にもとづいてバー
クリもまたその観念論を作り上げたのである），そして空間と時間に関する把握のうえ
にカントの体系の基柱は据えられている」[36]。このように，評者はカントの「超越
論的観念論」が世界とわれわれ自身をすべて表象（つまり観念）へ還元し，物質や
外界の実在性を否定するという意味でバークリの学説（第3章第2節を参照）と本質
的に同じである，との評価を下したのである。バークリの学説は，精神のみを認め
外界の物質を認めない物質否定論として存命中から酷評され[37]，カントの時代でも
ほぼ同じ扱いを受けていた。よもやバークリの説と同一視されるとは思ってもいな
かったカントはこれに激怒し，『プロレゴーメナ』の第13節の注解2と3で自身の
立場をより詳細に述べると共に『プロレゴーメナ』の「付録」においては評者への
直接的反論を試みている。

　事実，カントは『プロレゴーメナ』の「付録」で上記「フェーダー・ガルヴェ書

33）引用中の［　］は本章著者による補足である。以下，同様。

34）Kant, Prolegomena zu einer jeden künftigen Metaphysik, die als Wissenschaft wird auftreten
　　können（Philosophische Bibliothek 540），ed. by Konstantin Pollok, Hamburg 2001, p. 183.

35）Ibid.

36）Kant, *op. cit.* p. 184.

37）この点については，次の文献を参照。ちなみに当該書には当時の書評6本が付録として付け
　　られている。Harry M. Bracken, The Early Reception of Berkeley's Immaterialism
　　1710-1733, M. Nijhoff, 1959.

評」の言う「より高い観念論」の「より高い」をカントの言う「超越論的」ではなく「超越的」と示唆しつつ（cf. IV 373），皮肉混じりに「私の場所は経験という肥沃な低地であり，そして超越論的という語」は，「すべての経験を超出して行くものを意味するのではなく，たしかに経験に（アプリオリに）先行しはするが，しかしもっぱら経験を可能にすること以上の何も使命としていないものを意味する」（IV 373 n.）と反論している。この引用の後半部分で述べられているように，そもそもカントが『批判』（とりわけ前半部）で力説しているのは，現象はたしかに表象，つまりは観念であるが，単に個々人にしか妥当しない悪しき意味での主観的表象ではなく，客観的妥当性を持つ，ただしわれわれに可能な認識の範囲は現象・経験の領域（「現象界」・「感性界」）に限られ，けっして経験を超えた領域（「悟性界」・「超感性界」）には及ばず，物自体については何も認識できないということである。

　それゆえ，カントは『プロレゴーメナ』の第13節注解2において，通常の観念論と対比させつつ，自説はわれわれの内にある表象・観念のみならず，われわれの表象の外をも認めるものであることを次のように述べている。そもそも通常の「観念論の主張の本質は，思惟する存在者以外の何ものも存在せず」，「その他の物は思惟する存在者の内にある表象にすぎず，この表象には思惟する存在者の外に存しているいかなる対象も実際には対応していない，という点に存する。これと正反対に私は次のように言っているのである。すなわち，物はわれわれの感官の，われわれの外に存している対象としてわれわれに与えられているが，しかし物がそれ自体そのものにおいて何であるのかについてわれわれは何も知らず，むしろその現象，すなわち物がわれわれの感官を触発することによりわれわれの内に生じせしめる表象を知っているにすぎない，と。したがって，私はもちろんわれわれの外に物体が存在することを承認する……」［傍点引用者］（IV 289）。

　このように，表象・観念が認識可能な対象である一方で物自体は認識不可能なものであるが，カント自身の超越論的・批判的観念論は，われわれの内にある表象・観念のみならず，われわれの表象の外にあるものも認めるため，単に一切がわれわれの心の変容であるというというのは必ずしも正鵠を射ていないというわけである。

3-2　カントの物自体へのこだわりと形而上学の再建

　以上のように，カントの超越論的観念論は観念論でありながら，それが主観的なものにとどまるのではなく，現象の客観的実在性を担保するものであると言える。それゆえカントは『批判』において次のように述べている。「しかし，あらゆる現象

の超越論的観念論ということで私が理解しているのは，われわれはあらゆる現象をことごとく単なる表象とみなし，物自体そのものとはみなさず，それゆえ空間と時間はわれわれの直観の感性的形式にすぎず，物自体そのものとしての客観のそれ自身として与えられた規定や制約ではないという説である。この超越論的観念論に対立するのが，空間と時間を（われわれの感性から独立に）自体的なあるものとして与えられたものとみなす超越論的実在論である。それゆえ，超越論的実在論者は，外的現象（その現実性が許容されるなら）を，われわれとわれわれの感性から独立に現実存在する物自体そのものと考えるのである」（A369）。このように，カントの超越論的観念論は少なくとも現象の客観的実在性を保証する経験的実在論と同義であり，逆に言うと，（カントに従えば，彼の以前のすべての観念論は）経験的観念論であり，空間と時間を物自体の規定や制約とみなし，そのことによって物自体を認識可能とする超越論的実在論でもある。

　しかしながら，ここで問題となってくるのは「物自体」の概念である。物自体についてはF. H. ヤコービ（Friedrich Heinrich Jacobi, 1743-1819）の有名な批判，すなわち「あの前提［＝物自体］なしには，［カントの］体系へと入ることはできず，あの前提と共にはその体系のうちに留まることはできない」という批判がある[38]。そもそもカントの認識論では，われわれの表象（観念）の外については何も知りえないはずである。にもかかわらず，カントに従えば，その表象の外に存在する物（物自体）によって触発されることによって，はじめてわれわれの内に表象が生じることになる（cf. IV 289, 451）。こうした説明方式はまた，本来，物自体を現象の原因とすることによって，カント自身が禁じた「（原因と結果の）カテゴリー」を超感性的な物自体に適用してしまっているとも考えられるだろう。それゆえ，ヤコービの批判以来，カントの弟子たちからも「物自体」に対する疑問が噴出し[39]，フィヒテ（Johann Gottlieb Fichte, 1762-1814）やシェリング等のドイツ観念論においては物自体を消滅させる方向に進んでいくことになる。

　確かに，物自体は問題を孕んだ概念であることは否めない。しかし，カントが不可欠なものと考えていることは紛れもない事実である。『批判』第2版「序文」で

38）F. H. Jacobi, David Hume über den Glauben, oder Idealismus und Realismus. Beylage. Ueber den transscendentalen Idealismus. In: Friedrich Heinrich Jacobi Werke Gesamtausgabe, Schriften zum transzendentalen Idealismus, vol. 2.1, ed. by Klaus Hammacher und Walter Jaeschke, Hamburg 2004, p. 109. ただし，当該箇所でヤコービが行っている批判は，前後の文脈から，厳密には「物自体」ではなく，「超越論的対象」に対するものである。

「十分注意されねばならないこと」として読者に次のような注意を促している。「われわれはまさに同一の対象を物自体そのものとして，たとえ認識することはできないとしても，少なくとも思惟することができなければならないということが，やはりその際，常に保留されている。というのも，さもなければ，そこに現象している物がなくとも現象があるという辻褄の合わない命題が，そこから生じてくるだろうから」（B XXVIf.）。この引用の後半部分の「辻褄が合わない」という文言から，現象があるとすれば，その現れの基となる物自体が存在しなければ，不合理なことになるとの内容が書かれている。あるいは，しばしば物自体の言い換えとして用いられる消極的「ヌーメノン」（cf. A259/B315, A254/B310, A256/B312, IV 312, 315）についても同様に，「現象一般という概念からまた当然のことながら，現象にはそれ自体現象ではないあるものが対応しなければならないということが帰結する。なぜなら，現象はそれ自身では無であり，われわれの表象の仕方以外の何ものでもありえないからである。したがって果てしない循環が生ずるべきでないとすれば，現象という語は，すでに……感性から独立した対象でなければならない何かあるものへの関係を示しているからである」（A251f.）と述べている。

このように，カントは，現象が悪しき意味での単なる主観的表象ではなく，対象としての統一を持ち客観的実在性を持つためには，現象に対応する物としての物自体やヌーメノンの存在を必須のものと考えている。こうした考えは晩年の『オプス・ポストゥムム』でも幾度となく述べられている。「現象における物に対応する物自体は単なる思考物（Gedankending）である。だが，決して馬鹿げたもの（Unding）などではない」（XXII 415）。あるいは，「物自体（自己自身による存在）は［現象とは］別の客観ではなく，同一の客観に対する表象の別の関係（関係）である」（XXII 42）とも言われているが，そもそも『批判』第2版の「序文」ですでに現象と物自体の関係は，同一の対象を「二重の視点から」（cf. B XIX n.），すなわち，一方では「現象として」，他方では「物自体そのものとして」，「二通りの意義において」見る（cf. B XXVIIf.）ということにほかならない。

---

39) たとえば，J. S. ベックは 1797 年 6 月のカント宛書簡で，ヤコービが提示したアポリアに触れながら，触発する対象が「物自体」なのか，それとも「現象」なのかをカントに尋ねつつ，前者の考えを否定している（cf. XII 165）。また，ティーフトルンク（Johann Heinrich Tieftrunk, 1760–1837）も同年 11 月頃に書かれたとされる書簡で，そもそも「何がわれわれの感性を触発する」のか，物自体なのか，それともそれ以外の対象なのか」をカントに尋ねたうえで，物自体とは問題的であるから物自体による触発ではありえないと私見を述べている（cf. XII 216f.）。

　確かに，こうしたカントの説明をもってしてヤコービの批判を氷解させるものではない。しかしながら，カントが晩年に至るまで「物自体」にこだわり続けたのは現象の客観的実在性を保証する以外にも「物自体」には別の大きな役割が担わされているからである。それは，「形而上学の再生（Wiedergeburt）」（IV 367）という目的に関係する。『批判』第1版の「序文」に描かれているように，かつて「万学の女王」であった「形而上学」は，「独断論」（合理論，特にライプニッツ‐ヴォルフ）や「懐疑論」（とりわけヒューム）の歴史的な争いにより，もはや「侮蔑」の対象でしかなく（cf. A IX），言わば瀕死状態にある。しかるに，カントは，人間理性は「己自身のやむにやまれぬ要求に駆り立てられ」，「自然的素質」として形而上学を現に有していると断言する（cf. B20）。つまり，カントによれば，われわれ人間は，生まれながらにして（人間本性的に）現象の背後にある原理となる形而上学を求める性格を有しているというわけである。

　カント哲学における「形而上学（的）」とは多義的であるが，周知の通り「形而上学」という言葉自身は，歴史的にはアリストテレス（Aristotelēs, 384–322BC）の全集を編集する過程で，もともとタイトルのなかった書物（正確には講義録）に対して自然学の後に（meta）論じられるべき内容として流布したものである。それが後世，単に自然学の「後」という意味から「超えて」という意味にも用いられるようになった。実際，カントも生前未公刊の『形而上学の進歩にかんする懸賞論文』（1804年）で形而上学について次のような定義を与えている。「形而上学とは，理性によって感性的なものの認識から超感性的なものの認識へと進歩してゆく学問である」（XX 260）。ここで「感性的なもの」と言われているのは，感性界におけるもの，すなわち現象であり，「超感性的なもの」と言われているのは，現象を超えた悟性界にあるもの，物自体やヌーメノンであり，畢竟「理性概念（理念）」にほかならない。

　しかし，ライプニッツ‐ヴォルフをはじめとして従来の形而上学を「独断的（dogmatisch）」として糾弾するカントは「実践理性の優位」の構想のもと実践的・「定説的（dogmatisch）」形而上学という新たな形而上学の可能性を模索した点ではやはり一線を画している。ちなみに『実践理性批判』（1788年）の「序文」で『批判』における自由論を回顧しつつ，カントは次のように述べている。「自由の概念を思弁的理性は，ただ蓋然的に，すなわち考えることが不可能でないものとして掲げることができたにすぎず，この概念に客観的実在性を保証することはできなかった。……自由の概念は，実践理性の必当然的な法則によってその実在性が証明されているかぎり，純粋理性，[のみならず]思弁理性でさえもの体系の建物全体の要石を形

作る」（cf. V 3f.）。このようにカントに従えば，『実践理性批判』で自由の概念は実在性を獲得するとされる。ここで自由が体系の「要石」と言われているが，これは自由の実在性が得られることによってはじめて『批判』における思弁的観点からは自由と同様に蓋然的に留まった「神と〔魂の〕不死」という他の理念の実在性も『実践理性批判』以降保証されるという揺るぎない確信がカントにはあったからである（cf. V 4）。

4　結びにかえて

　カントは『批判』第2版において「観念論論駁」を新規に増補改訂している。この場合の「観念論」とは，主にデカルトを念頭に置いている。デカルトは方法的懐疑（第1章第3節を参照）の末，絶対不可疑なものとして精神を属性とする思惟する実体としての私を発見するに至り，これを哲学の「第一原理」としたわけであるが，精神と異なる物体としての外的事物や外界の実在性を保証するためには，（私という不完全な存在が有する観念の原因としての）神の存在を証明し，しかも誠実で欺かない神の助力が必要不可欠であった（『方法序説』（1637年）第4部を参照）。つまり，デカルトは思惟する私（しかも実体として）の存在の確実性を保証しはしたが，私の外にある事物に関しては，神（の存在）がその確実性を担保する構造になっている。確かに神ないしは教会からの影響力という点ではデカルトの時代の方がより厳しい思想的な制約があったことは否定できない。

　こうした事情を考慮に入れるとしても，カントがデカルトを「懐疑的観念論」，およびバークリを「独断的観念論」として歯牙にも掛けず一蹴することがはたして可能であるのかどうかは，「物自体」という本来カント哲学では語りえないはずのものに晩年まで拘り続けた，カント哲学の正当性の根幹にも関わる問題である。また，カントの「物自体」を徹底的に排除し「自己直観」へと収斂させるフィヒテの「知識学」や自己直観を「自然」にまで拡張するシェリングの構想が全面的に正しいかどうかについては，まさにカントが強調したように，各人が「哲学する」ことによってはじめて納得する答えが得られるだろう。

【謝　　辞】
本稿は，科研費（課題番号JP18K00025）の助成を受けたものである。

第Ⅱ部

ヘーゲルからハイデガーまで
(19・20 世紀)

第6章

ドイツ観念論をめぐって

スピノザとヘーゲル

安部浩

1　はじめに：「観念論とは何か」という難問

　本章に課せられているのは，カント（Immanuel Kant, 1724–1804）以降，ドイツで隆盛を誇るに至った空前絶後の思想的運動であるドイツ観念論とはどのような哲学であるのか，別言すれば，それが哲学上の他の流派と区別される所以であるところの，その観念論なる立場の独自性はいかなる点に存しているかという問いに答えることである。しかしながらこの課題を果たすことは至難の業である。なにゆえか。筆者の浅学と所定の紙幅をもってしては，ドイツ観念論の全容の概観はおろか，フィヒテ（Johann Gottlieb Fichte, 1762–1814），シェリング（Friedrich Wilhelm Joseph von Schelling, 1775–1854），ヘーゲル（Georg Wilhelm Friedrich Hegel, 1770–1831）といった，この運動の代表的人物と通常目される三人の哲学者に的を絞って各人の学説を一通り解説するだけでも手に余るということも，無論一因ではある。だがその難しさはむしろ，ドイツ観念論のいわゆる「観念論」とは何かという問題そのものに起因するものであると言ってよい。どういうことか。百聞は一見に如かず。当の問題をめぐるヘーゲル自身の見解を御目にかけるべく，彼の主著『論理学』（初版 1812–1816年）を繙いてみよう。

> いかなる哲学も本質的には観念論であり，少なくとも観念論をその原理とするものである。……従って，観念論的哲学と実在論的哲学との対立といったことには意味がない [1]。

---

1) G. W. F. Hegel, *Werke in 20 Bänden*, hrsg. v. E. Moldenhauer und K. M. Michel, Bd. 5, Frankfurt am Main, 1986, S. 172. 嚮後，同全集からの引用・参照箇所は，「HW」の略号に巻番号と頁番号を添えて示すことにする。

観念論＝哲学！──この驚くべき主張をヘーゲルは，これまた驚くべきことに『エンチュクロペディー』（初版1817年）でも繰り返している。「真の哲学は全て，観念論である」（HW8, 203, 丸点による強調は原文，以下同様）。つまりわれわれはそれをたまたま筆が滑った失言として片づけるわけにはいかないのである。こうして本来はドイツ観念論に限定されていたはずである本章の究明の対象は，今や哲学一般へと広がらざるをえない。哲学とは何か──これが難題でないとすれば，いったい何であるというのか。

だがこうした難問に斬り込む緒もまたヘーゲルによって用意されている。『哲学史講義』（1833年）に見える次の一節がそれである。「スピノザは近代哲学の中心である。つまりスピノザ主義か，もしくは哲学でないかのいずれかである」（HW20, 163f.）。観念論＝哲学＝スピノザ。以下，この不思議な等式の深意を詳らかにすべく，スピノザ哲学の解釈に着手することから始めよう。

2　スピノザの観念論的転回：「観念論」の第一の意味

『幾何学の手順で証明された倫理学（*Ethica Ordine Geometrico Demonstrata*）』（1677年，以下『エチカ』と略称）。唐突に神（ないしは実体）の定義から始まり，しかもユークリッドの『原論』よろしく，「幾何学の手順で証明された」定理が逐次導出されていく異形の「倫理学」の書。この天下の奇書の著者，スピノザ（Baruch de Spinoza, 1632-1677）の哲学の出発点となったのは，意外かもしれないが，デカルト研究である（ちなみに彼が生前に実名で刊行した唯一の著作は，デカルト（René Descartes, 1596-1650）の『哲学原理』（1644年）の解説書であった。これについては後述する）。しかも卑見によれば，彼が一介のデカルト研究者から独創的な思想家へと変貌を遂げていく際，その重要な転機の一つとして，いわゆる「デカルトの循環」の問題（以下「「循環」問題」と略記する）との格闘があったと思しい。この点を闡明することが本節のねらいである。だがそのためにはまず，当該の問題の概略をデカルトの主著『省察』（1641年）に即して示しておく必要があろう。

その徹底的な「方法的懐疑」の挙句，デカルトが「つまるところ，〈われあり，われ存在す〉というこの言明は，私によって述べられる度に，あるいは精神によって把握される度に必然的に真理であると考えられねばならない」[2]（AT7, 25）という結論に至ったこと，またこうした真理の確信を正当化する原理として，「私が非常に明晰かつ判明に知っているものはすべて真である」（AT7, 35）という「一般的な規

則」を要請したことはつとに知られている。そしてこの「明晰判明知は真」という規則が確立する基盤を「神の誠実さ」の中に求めるべく，彼は神の存在証明を——用意周到にも三通りの仕方で——試みたのであった[3]。だがこれに対してアルノーは「第四反論」において次のような疑義を呈した。

> 唯一の頭痛の種が私には残されております。〈われわれによって明晰かつ判明に知られるものが真であるということがわれわれにとって確定するのは，神が存在するゆえに他ならないと［著者・デカルト］が述べる際，いかにすれば彼によって循環［の愚］が犯されないことになるのか〉というのがそれです。しかしながら他方では，もしもそれがわれわれによって明晰かつ判明に知られるのでなければ，神が存在することが確定することは不可能であります。それゆえ，神が存在することがわれわれにとって確定するよりも前に，〈われわれによって明晰かつ判明に知られるものは，それが何であれ，真である〉ということがわれわれにとって確定していなければなりません（AT7, 214, 角括弧内は引用者による補足，以下同様）。

　アルノーが指摘する「循環」問題の眼目は，次のように敷衍されうるであろう。前述した通り，デカルトによれば，明晰判明知の規則は，その妥当性を初めて保証してくれる神の存在から根拠づけられる必要がある。だがそのためには（アルノーの見るところでは）まずもってこの神の存在そのものをいささかも疑念の余地のない仕方で——ということはつまり，明晰判明知の規則に照らして——確証しておくことが必要になるはずである。すると明晰判明知の規則が確立されるためには，当の規則そのものが予め確立されていなければならないことになる。これはまさに悪循環に他ならないのではないか。

　アルノーからの以上のような批判に対して，無論デカルトは彼なりの仕方で反論を行っている（「第4答弁」）。だがここではそれに触れる代わりに，目下の本題であ

---

2) René Descartes, *Œuvres de Descartes*, publiées par Ch. Adam et P. Tannery, Tome VII, Paris, 1996, p. 25. 以下，同全集からの引用・参照箇所は，「AT」の略号に巻番号と頁番号を添えて示すことにする。

3) 次の一節を参照されたし。「神が存在することを私が真に知った為に，いやそれどころか同時にまた，万物はその上，彼［＝神］に依存し，しかもかのもの［＝神］は欺瞞的ではないことを私が理解し，そしてこのことから〈私が明晰かつ判明に知るものはすべて必然的に真である〉ということさえも結論した為に……」（AT7, 70）。

るスピノザの反応に専ら注目することにしたい。1663 年に刊行された彼の著作『ル
ネ・デカルトの哲学原理の第 1 部および第 2 部』（以下『デカルトの哲学原理』と略
記）は，その表題が示す通り，基本的にはデカルト哲学の（けだし今なお最良の部類
に属すると断じてもあながち過言ではない）卓抜な解説書であるものの，とはいえそこ
には，デカルト自身によっては（少なくとも主題的には）究明されなかった重要な論
点に関してスピノザが自らの立場から詳説している箇所もまた散見する。以下に引
く「循環」問題への論及はその好例の一つである。

　　神が存在することはわれわれにとってそれ自体で［／自ずから］知られること
　　ではないため，いかなるものに関してもわれわれが確信することは決してあり
　　えないようにわれわれには思われる。そしてまた神が存在することがわれわ
　　れに知られるようになることは［今後も］決してありえないであろう。なぜな
　　らば不確かな前提［／前置きされたもの］からは，何物も確実に結論されえない
　　ゆえである（というのも〈われわれがわれわれの［存在の］起源［＝神］に関し
　　て無知である間は，あらゆるものは不確実である〉とわれわれは述べたのであ
　　るから）4)。

　スピノザが当該問題を独自の仕方でとらえ直しているさまを明亮にすべく，彼の
言をわれわれなりに敷衍してみよう——確信するに足る確実なものを得るには，わ
れわれは自らの確信の正しさを最終的に保証してくれる誠実さに満ちた神が現に存
在していることを確知していなければならない。しかるに神の存在は直接的に知ら
れうるものではない。そこでそのためには，われわれはこの善なる（つまりわれわれ
を欺かない）神の存在を神以外の事物から間接的に——換言すれば，これらの事物
（＝「前提」）より帰結する「結論」として——確証する以外にない。ところが結論
（すなわち神の存在）が確実なものとして導出されるためには，その前提となる（神以
外の）事物もまた初めから確固たるものである必要がある（とはいえ神の存在が確知
されていない限り，当該の事物は確実性を欠いたままにとどまるゆえ，こうしたことはも
とより実現不可能な訳であるが）。そうすると何かしら確実なるものを求めようとす
るのであれば，まさにそのような確実なるものをあらかじめ手にしていなければな

4) Baruch de Spinoza, *Spinoza Opera*, hrsg. v. C. Gebhardt, Bd. 1, Heidelberg, 1972, S. 146. 以下，
同全集からの引用・参照箇所は，「G」の略号に巻番号と頁番号を添えて示すことにする。

らないことになる以上，われわれは悪循環を免れえまい。

　ではこのように再定式化された「循環」問題に対してスピノザはいかなる仕方で応じるのであろうか。それを窺わせる箇所を『デカルトの哲学原理』から引こう（長くなるものの，重要な言はこれを余さず引用する）。

> というのも神の真なる観念（かかる観念は自分達には備わっていないとわれわれは目下仮定している）を所有していない者にとっては，その者の創造者［つまり神］が欺瞞者であると考えることは，この創造者が欺瞞者ではないと考えるのと同じ位に容易であるためである。……ゆえに，神の明晰判明なる観念を有していない間は——たとえ当の事物に関する証明に対してどれほど適切に注意を払おうとも——いかなる事物（われわれの存在は除く）に関しても完全に確信するというようなことは不可能であるのをわれわれは認める。……だがわれわれは次のことを認めない。すなわちそれは，〈われわれはそれゆえ，一切の事物に関して，その事物の認識へ到達することはありえない〉ということである。なぜならば……あらゆる物事の枢軸はひとえに次の点に存しているからである。それはもちろん，〈神は欺瞞者であると考えることがわれわれにとって，神は欺瞞者ではないと考えるのと同じ位に容易なことではないようにすべくわれわれを統御してくるところの神の概念，神が最も誠実な者であることをわれわれに否応無く肯定させるような神の概念をわれわれは形成しうる〉という点である。……実際，神の存在について無知である限りにおいてではなく……，神の明晰判明なる観念を所有していない限りにおいて，われわれはいかなる事物に関しても確信することができないのである（G1, 147ff.）。

　愚見によれば，上の一節の要点は次のようなものである。すなわち，神が存在するか否かは端的には知られえない（ということは神の存在をもとにして神の善性や誠実さをさらに示さんとする道もまた塞がれてしまうことになる）以上，デカルトのように神の存在証明に拘泥し続ける限り，「循環」問題はついに解決されえない，そしてこれを打開するためには，われわれは神の真なる観念を獲得するにしくはない。

　存在から観念へ——こうした方針転換（以下これを「観念論的転回」と呼ぶことにしよう）はスピノザ独自の哲学の形成にとってよほど重大な意義を持つものであったのであろうと推察される。というのは興味深いことに，以上の見解は（スピノザ版『方法叙説』とでも呼ぶべき，彼自身の思想的立場が宣明された著作である）『知性改善

論』（1677年）においても次のように変奏されて登場しているからである。「明晰判明な観念を何一つ所有していない間でなければ，〈最高度に確実な事柄に関してすらわれわれを誤らせる欺瞞者たるなにがしかの神が存在するかもしれないということから，真なる観念に疑いをかけるようなこと〉をわれわれはなしえない」[5]。

　なるほどスピノザの言うように，観念論的転回は「循環」問題の解決に際して有効な切札であるのかもしれない。だがこの問題設定を優に超えて，さらに大胆にも彼は次のごとき主張さえも行う――「真理の確実性のためには，真なる観念を持つこと以外にはいかなる徴標も必要ではない」（SO2, 26）。ではこの真なる観念とは何か。そしてそれはいかなる仕方で知の確実性を保証する役目を果たしうるのか。一般に観念とは〈何か（＝X）についての観念〉である以上，それは，当該の観念に対応する実物としてのXから区別される。だがそうした相違にもかかわらず，われわれが有する観念の中には，それが表しているXのありさま（「表現的存在（essentia objectiva）」）が，実物のXの姿（「形相的存在（essentia formalis）」）と寸分違わずに一致するものがある。このような観念こそが，スピノザのいわゆる「真なる観念」である。するとXに関してわれわれが抱く観念が真なるそれである場合は，その表現的存在（われわれによって認識された限りでのXの姿）がXそのものの形相的存在（Xの実像）と厳密に合致することになるため，Xに関するわれわれの認識の「確実性は，表現的存在自体以外の何物でもない」（ibid.）。真なる観念に知の確実性の保証をスピノザが求める所以は，ここにある。

　とはいえ今述べたような真なる観念の存在は絵空事にすぎず，したがってそれによるわれわれの知の確証もまた所詮，理想論の域を出ないのではなかろうか。ところが驚くなかれ，スピノザによれば，実際に「われわれは真なる観念を有している」（SO2, 24）。しかも彼曰く，それは「外的原因によってわれわれの内で惹き起こされるわけではないもの」（ibid.），つまりわれわれの認識に初めから「生得的な道具」（ibid.）として備わっているものなのである。しかるべき論拠が一切省かれているために，単なる独断のようにしか聞こえかねないこの主張は一体全体，いかなる正当性にもとづいているのか。試みに，われわれが現に抱いている観念を取り上げ，それが真なるそれであるか否かを調べてみよう。この吟味が不可能事であることは明らかである。というのも，われわれにとって認識可能なものはあくまでもXに関

---

5) Baruch de Spinoza, *Opera・Werke,* hrsg. v. G. Gawlick, F. Niewöhner und K. Blumenstock, Bd. 2, Darmstadt, 2008, S. 60. 以下，同選集からの引用・参照箇所は，「SO」の略号に巻番号と頁番号を添えて示すことにする。

するわれわれ自身の観念に限られ，X そのものは不可知に留まるのであってみれば，前者の表現的存在が後者の形相的存在と一致するかどうかは，われわれには金輪際確かめようがないではないか。しかしながらそれでもなお，ユダヤ・キリスト教の世界創造説に従って考えてみるならば，われわれはスピノザと同じく，真なる観念は（少なくとも一つは）存在すると主張しうるのである。

　つまりこういうことである。われわれは神という無限者を何らかの仕方ですでにして把握しており，その限りにおいて神の観念を有している。しかるにこの無限者の観念はそもそも，われわれのごとき被造物による有限な思弁の産物ではありえない。むしろそれは，まさしく無限者としての形相的存在を体現している神自身に由来するのでなければ——しかもその際，当の形相的存在に正確に照応する表現的存在が神によって付与されることがなければ——およそ成立しえない観念である。するとここから帰結するのは，その表現的存在が形相的存在と合致することになる以上，神の観念は真なる観念であるということに他ならない。

　スピノザの如上の議論を要するに，われわれの知の確実性は畢竟，神の真なる観念がわれわれに現に与えられていることにもとづいている。この主張は極めて意味深長である。というのも卑見によれば，それはまさに，本節の冒頭で述べた『エチカ』の破格の構成を招来したものに他ならないからである。今述べた点を詳らかにすべく，〈真なる観念の所与性〉という如上の自説を踏まえたスピノザの言を二つ引くことにしたい。1. 森羅万象（つまり存在者の総体）たる「自然」のありさまを如実に把握するための「最も完全なる方法とは，最も完全なる存在者［＝神］に関する所与の観念という規範に則って精神がいかに導かれるべきかを示す方法のことであろう」（SO2, 28）。2. そしてその方法に沿って「われわれの精神が自然の模写を完全な仕方で呈示するためには，この精神は〈全自然の始まりと源泉を呈示しており，その結果，それ自体がさらに他の諸観念の源泉となる観念〉［＝神の観念］から，自らのすべての観念を生み出さねばならない」（SO2, 30）。

　一読して明らかなごとく，これらの引用箇所においてスピノザは，神の所与の観念——先述の通り，それは彼にとって，神の実像を忠実に写し取った真なる観念に他ならない——から万物（α, β, γ, …）の諸観念を演繹していくこと（神の観念→αの観念→βの観念→γの観念→…）を通して，創造者たる神に淵源する万物のあるがままの姿（実物の神→実物のα→実物のβ→実物のγ→…）を逐一認識するに至る方法を「最も完全なる方法」として提唱している。その際，神の観念は真なる観念である以上，それは（神をしてまさに当の神たらしめているところの）神の「本

性（natura）」を過不足なく正確に反映しているはずである。するとその限りにおいて，この神の観念は，（スピノザが説く意味での）神の真なる「定義（definitio）」と等置されることになる[6]。そうであるならば，先の「最も完全なる方法」の趣旨はこう敷衍されうるであろう——万物の観念は神の定義より逐次導かれなければならない。するとこの方法論がその理論的な基盤をなす観念論的転回共々，（物体と観念の別を問わず）一切のものを神から導き出していく『エチカ』のかの特異なる論述方式に——そのまま踏襲されている訳ではないにせよ——深甚なる影響を及ぼしていることは，もはや贅言を要すまい。

これまでの議論により，本節の冒頭で示した目的は果たされたように思われる。ここで上来の立論を小括しておきたい。デカルト研究を通して，スピノザは「循環」問題に逢着した。この問題の解決を独自に図ることで，彼は（存在から観念へと自らの立脚点を移す）「観念論的転回」を遂げ，彼のいわゆる「最も完全なる方法」の着想を得た。かかる新機軸はその後，彼独自の哲学体系が開陳される主著，『エチカ』に結実するに至る。万一以上の行論に大過なくば，われわれは今や，次のような命題を立てうるように思われる——スピノザ哲学の根幹をなしているもの（の一つ）は，観念論的転回である。すると「観念論＝哲学＝スピノザ」なる前掲の等式の下でヘーゲルが念頭に置いているのもまた，つまるところはこの命題に他ならぬのであろうか。

なるほど『エチカ』においては，観念論的転回の中核にある〈物の系列と物の観念の系列の対応〉という発想は心身平行論（これについては後述する）に活かされることになるのみならず，神の定義にもとづく万物の観念の導出という先の方法もまた，〈すべては神から導かれるべし〉と定式化しうる同書の論述指針の基調をなしていることは確かである。とはいえ卑見によれば，ヘーゲルの等式の趣旨は今述べた命題とは別物である。その論拠を次節で示そう。

---

6) 何とならば，スピノザは「定義」を次のように定義しているからである。「各々のものの真なる定義は，［それによって］定義されるものの本性以外には何物をも含んでいないし，また表現してもいない」（SO2, 94：『エチカ』第1部定理8備考2）。以下，『エチカ』からの引用・参照箇所は（「SO2」の頁番号だけではなく）「E」の略号に続いて「部（pars）」番号を記し，さらに次の略記号を用いて示すことにする（これにより，たとえば『エチカ』第1部定理8備考2」は「E1p8s2」と表記されることになる）。付録：「app」／定義：「d」／公理：「a」／定理：「p」／証明：「dem」／系：「c」／備考：「s」／補助定理：「lem」。

3　スピノザの汎神論：「観念論」の第二の意味

　ヘーゲルは『哲学史講義』においてスピノザ哲学を仔細に講明している。就中，次の一節はその要所である。

> スピノザの観念論の簡要なる思想はこうである。すなわち真なるものとはまったくもって，唯一の実体のみである。その実体の属性が思惟と延長（自然）なのである。そしてこの絶対的な一なるものだけが現実的であり，現実性なのであって——ただそれのみが神である。(HW20, 161)

　ここでヘーゲルはスピノザの立場を「観念論」と明示的に規定している。ただしその際，こうした同定の根拠としてスピノザの観念論的転回が挙げられているわけではないことは，上の引用文を一瞥すれば明らかであろう。むしろスピノザが観念論者である所以は専ら，〈現実性，ないしは真の意味で存在することは，唯一の実体たる神のみに認められる〉という彼の学説にある。これがヘーゲルの見立てである。以下この見立ての深意の解明を通して，前掲の等式の一端，すなわち〈観念論＝スピノザ〉の釈義に努めたい。そこで当該の見立てに関して，次の二つの問いを立てることにしよう——1. ヘーゲルがスピノザに帰する学説（いかなる存在者の存在も，その真相においては畢竟，神の存在に帰するという所説）は何を意味するのか，2. なにゆえこの学説にヘーゲルはスピノザが観念論者たる所以を求めるのか。

　最初の問題の考察から始める。まず如上の学説はこれを簡潔に〈万物の存在＝神の存在〉と定式化しうるであろう。さすれば，この学説は——「自然」なる表現の下で後述の「所産的自然」（全世界の個物の総体）が考えられている場合には——「神即自然（Deus sive natura）」（cf. SO2, 392: E4p4d）という『エチカ』の有名な標語に集約される汎神論であると言ってよい。するとわれわれはこの第一の問題に関して，問いを以下のごとく立て直すことが許されるはずである。すなわち，スピノザの汎神論が標榜する「神即自然」は何を言わんとするものであるのか。これに答えるべく，『エチカ』の論述を簡単に辿り直してみよう。

　あらゆるものを神から導くべし。これが同書の論述全体の指針であることは，すでに述べた通りである。かくて同書の立論の出立点をなすのは，「神（Deus）」ないしは「実体（substantia）」の定義である。スピノザ曰く，実体とは「それ自身において存在しているもの」（SO2, 86: E1d3）の謂である。別言すれば，それは自分で自分

自身を存在させることが可能である為，己の存在の根拠や原因を他のものには一切
負うていないもの——ということはつまり「自己原因（causa sui）」（ibid.: E1d1）—
—のことに他ならない。スピノザによれば，こうした（語のまったき意味における）
自立性を備えた実体はただ一つしか存在しない（SO2, 98: E1p10s）。そしてそれが神
なのである（SO2, 104: E1p14）。

　ではここから一切のものはいかにして導き出されることになるのか。それを説明
するために導入されるのが「属性（attributum）」と「様態（modus）」の二概念である。
まず属性とは何か。それは「実体の本質を構成しているもの」（SO2, 86: E1d4）とし
て，当の本質のある一側面を「表現する」（SO2, 114: E1p16dem）ものである。実体
（すなわち神）の本質は無限であり，数知れぬ側面を備えていることから，そのよう
な本質をそれぞれの角度から照らし出す属性もまた無数に存在する（SO2, 86: E1d6）。
ただし（前掲の引用文におけるヘーゲルの解説の通り）『エチカ』で例示されている神
の属性は「思惟」と「延長」の二つのみである（SO2, 162: E2p1; SO2, 164: E2p2）。

　次に様態とは，いわゆる「個物」（SO2, 128: E1p25c），ないしは個々の存在者を指
す。だがこのようにスピノザが存在者をことさらに「様態」と規定するのはなにゆ
えか。その理由は次のように窺測される——すなわちおよそこの世界に存在するも
のはおしなべて，それ自身において存在する自立的なものではなく，逆に「実体の
諸々の変容態（affectio）」（SO2, 86: E1d5）として「他［＝実体］において存在してい
るもの」（ibid.）であり，そしてその限りにおいて，それらは実体または「神の属性
がそれによって一定の限定されたあり方において表現されているところの諸様態」
（SO2, 128: E1p25c）に他ならぬからである。事実，『エチカ』において様態は「物体
［／身体］（corpus）」と「観念（idea）」に大別されるが，この二分法は物体が延長の
属性の，観念が思惟の属性の表現であることにもとづいているのである（SO2, 160:
E2d1; E2d3）。

　以上のように，物体であれ，観念であれ，あらゆる個物は神の変容態として，神
に由来するものである旨をスピノザは説き，このように神から産み出される有限な
個物の総体を「所産的自然（natura naturata）」，そしてそれらを生み成した無限なる
神のことを「能産的自然（natura naturans）」と呼ぶ（SO2, 132: E1p29s）。だがここで
看過してはならないのは，彼が他方で次のように注意していることである。

　　いかなる個物も，すなわち有限であり，［他のものから］規定された存在を有す
　　るものは何であれ，存在することが不可能であり，［他のものに対して］作用を

及ぼすべく規定されることもありえないのは，次のような場合である。つまりそれは，それもまたもや有限であり，［他のものから］規定された存在を有するところの別の原因によって，当の個物が存在すべく──また［他のものに対して］作用を及ぼすべく──規定されていない場合である。そしてさらにまた，この原因［自体］がまたもや存在することが不可能であり，［他のものに対して］作用を及ぼすべく規定されることもありえないのは，それもまたもや有限であり，［他のものから］規定された存在を有するところの別の原因によって，存在すべく──また［他のものに対して］作用を及ぼすべく──規定されていない場合である。このようにして無限に以下同様。(SO2, 128: E1p28)

　上の言を要するに，物体と観念の別を問わず，個物はおしなべて，個物同士が時空上で形成しあう因果系列の中に組み込まれることを措いて他に存在する術を持たない [7]。だがこれに対しては当然ながら，以下のごとき反駁がなされることであろう。すなわち，いかなる個物も神に由来するのである以上──いくらこの系列が徹頭徹尾，個物間の因果的連鎖であるとはいえ──少なくともその最初の項（したがって万物の最初の原因）の位置は，有限な個物ではなく，無限なる神が占めてしかるべきではないのか。しかも現にスピノザ自身が「神は絶対的に第一の原因（causa prima）である」(SO2, 114: E1p16c3) と明言していることは，その何よりの証拠ではないか。しかるに愚見の限り，この異論は当たらない。なにゆえか。先述した通り，『エチカ』では，個物の因果系列における任意の項 n はそれに先立つ他の項 n-1 によって規定されているが，さらにその項 n-1 もまたそれ自体，これに先行する別の項 n-2 によって規定されており，しかも「このようにして無限に以下同様」である

---

7) 個物の系列をめぐるスピノザの所論は以下のように略説されうる。まず彼は，実体の唯一性にもとづく次のような見解から出発する。「思惟実体と延長実体は一にして同一の実体［＝神］であって，そうした同一の実体がある時はこの属性の下で，またある時はあの属性の下で概念把握されるのである」(SO2, 170: E2p7c)。ついでこのことから，以下の帰結が導かれる。「延長の様態と，かの様態の観念も一にして同一のものである。だがこの同じ一つのものは二つの様態によって表現されているのである」(ibid.)。かくて個物の系列には，延長の様態，すなわち物体（又は身体）から構成されるそれと，観念同士のそれの二つが考えられるわけであるが，直前の引用文に述べられているような物体と観念との表裏一体の関係によって，その両系列においては，「諸々の観念間の秩序と結合は，諸々の物体間の秩序と結合と同一である」(SO2, 168: E2p7) ことになる。つまり物体の系列（$a \rightarrow \beta \rightarrow \gamma \rightarrow \cdots$）と観念の系列（$a$ の観念→ β の観念→ γ の観念→…）は，双方の各項が終始互いに照応しあいながらそれぞれ進行していくことをスピノザは主張するのである。そしてこの主張はつまるところ，「人間の精神は身体に合一されている」(SO2, 182: E2p13s) ことを説く心身平行論を招来するに至る。

旨が説かれる。そしてその際，そうした果てしのない因果関係を通して，任意の項が「神を原因として有する」(SO2, 172: E2p9) ものであることは，なるほど同書の他の関連箇所で語られている通りである。だが注意を要するのは，このように任意の項 n に対して神がその原因であると言われる場合，それは神が「無限である限りにおいて」ではなく，n 以外の項によって「変容させられた［ないしは限定を被った］もの（affectus）として考えられている限りにおいて」であるとスピノザが断っていることである (ibid.)。そしてこの断り書きの意味するところとは，当該の系列においてnに先んじ，これを因果的に規定している諸項 (n-1, n-2, …)，つまりnの先行原因はことごとく——したがって項n-1から（万物の最初の原因に当たる）最初の項に至るまで，そのすべてが——神がそれによって神自身を有限なるものに変容させた姿，換言すれば，能産的自然の自己限定によって生ずる所産的自然であるということに他ならない。するとわれわれはスピノザに従う限り，無限なる神がそれそのものとして当該系列上に登場する可能性は金輪際ないと言わねばならないのである。

　だがそれでは，神を第一原因と形容するスピノザの前掲の言は一体全体，いかに理解されるべきであるのか。この点を詳らかにするためには，当該の言が「系」としてそこから派生的に導かれたところの大本の定理（『エチカ』第 1 部定理 16）そのものにひとまず立ち返る必要がある。それは次のようなものである。「神の本性の必然性からは，無数のものが無数の仕方で……生ずるのでなければならない」(SO2, 114: E1p16)。問題は，このように個物の起源は神の「本性の必然性」にあると述べるスピノザの真意やいかにということにある。それを探る手がかりは，当該定理に関する彼の自註にある。すなわちそこでは，個物は「三角形の三つの内角［の和］が二直角に等しいことが，三角形の本性より，永劫から永劫へと生ずるのと同じ必然性を常に伴って，またそれと同じ仕方で」(SO2, 116: E1p17s) 神に由来すること，したがって「［ひとたび神の本性が］与えられた［場合，その］神の本性からは，諸物の本質と同様，諸物の現実存在も必然的に結論されなければならない」(SO2, 126: E1p25s) ことが説かれているのである。さすれば，スピノザの力説するところが専ら次の一点に帰することに議論の余地はあるまい——神の本性と個物の間に成立しているのは，定義とその論理的帰結との必然的な連関たる演繹的関係であって，時空上の因果的な繋がりなどではない。すると神は第一原因であるという彼の如上の言も，件の個物の系列上で任意の項nを因果的に規定している「外在的な諸原因 (causae externae)」(G4, 266) の中で相対的に先頭の位置を占めている〈万物の最初の原因〉であるのは神であるといったことを述べるものではないことは，今や明ら

かである。むしろその趣意は，神は自らの本性の必然的帰結として n をあらしめているところの「万物の内在的原因（causa immanens）」（SO2, 120: E1p18）である限りにおいて，前述の外在的原因の系列全体に対して（したがってまた上述の〈万物の最初の原因〉に対してさえも）論理的に先行する「絶対的に第一の原因」である点に存すると解せられるべきなのである。

　以上，目下の論題に関わる限りにおいて，『エチカ』の行論を追跡してきた。その要点は蓋し二つある。第一の眼目は，この世界を形作っている万物（スピノザのいわゆる所産的自然）は「二通りの仕方で（duobus modis）」（SO2, 540: E5p29s）規定されているということである。すなわち一面において個物は，それがいかなるものであれ，個物同士が形成しあう時空上の系列の中で，先行する一連の個物（外在的原因）によって因果的に規定されている。そしてそうした因果的決定論が統べる個物間の系列に組み込まれつつ，万物は「特定の時間と場所への関係を伴って［つまり時空上のある点に位置づけられて］存在する」（ibid.）ことになる。だが他面では同時にまた，万物は元来，各々の存在が「神の内に包含されており，神の本性の必然性から帰結する」（ibid.）定めにあるものとして，神（内在的原因）によって演繹的に規定されている。よってその限りにおいては，万物の存在は時を超えた仕方で「神によって予定されて（praedeterminata）いた」（SO2, 144: E1app）とわれわれは言いうるのであり，そしてこのように「永遠の相の下で」（SO2, 540: E5p29s）考察する場合には，それらを時間と空間の繋縛を超脱したものと見なしうるのである。

　だが第二に銘記せられるべきは——独り内在的原因のみが神であるのではなく，外在的原因たる種々の個物もまた先述のごとく，神の自己限定なのであってみれば——今述べた万物（あるいは所産的自然）の二通りの規定は，相異なる仕方においてではあれ，いずれも神による規定に他ならぬということである。

　すると以上の要所の確認によって，スピノザの汎神論の標語たる「神即自然」は今や次のように解せられる。すなわちそれは，〈神による如上の二重規定こそが，全世界の個物の総体たる所産的自然をそれとしてあらしめている当のものである〉ということに他ならない。あるいは『エチカ』の文言を引くならば，これを「神なくば何物も存在しえず，また思考されえない」（SO2, 106: E1p15）と言い換えることも可能であろう。それぞれが相異なる独自の存在者でありながら，無限なる神から上述のごとく二重に規定されることなくしては，それとして存在しえない有限なる個物。そのようなあり方をした個物はヘーゲルにとって，彼の考える「観念的なもの（das Ideelle）」の好個の例であったと思われる。というのも彼はこの概念を次のよう

に定義しているからである。

> 観念的なものとは，真に無限なるものの中に存在しているところの――つまり
> 限定として，ないしは［それそのものとして］区別されてはいるものの，自立
> 的に存在しているわけではなく，［無限なるものを構成する］契機としてあるよ
> うな内容として存在しているところの――有限なるもののことである。(HW5,
> 165)

　上の説明を敷衍するならば，ヘーゲルが語る観念的なものとは，一方では今ここ
にこうして存在している具体的なものとして直接的に感覚されうる個物であるとは
いえ，他方においては同時にまた思考を通して，〈まさにその具体的な存在に関し
て，無限なるものの根元的な存在に与っているもの〉として捉えられる有限なるも
ののことである。そしてかかる見方にもとづき，個物をおしなべて（今述べたような
意味で）観念的なものと断ずる立場を彼は「観念論」と命名する。「〈有限なるものは
観念的である〉という命題が，観念論の神髄をなしている。哲学における観念論と
は，有限なるものを真に存在するものとしては承認しないということを措いて他に
ない」(HW5, 172)。するとわれわれは本節の初めに掲げた第二の問い（〈「神即自然」
と約言される汎神論にスピノザが観念論者たる所以をヘーゲルが認めるのはなにゆえか〉
という問い）に対しては，今や次のように答えることが可能である。すなわちそれは，
万物がその根底において（上述の二重の規定の下にある）神の変容態であることを示
し，「有限なるものの観念性」(HW8, 203) を力説する理論である限りにおいて，『エ
チカ』の汎神論はヘーゲルの見るところ，彼自身が考える「観念論」の好個の例に
他ならないからなのである。

4　観念論としての哲学：ヘーゲルの観念論

　前節では，ヘーゲルの上掲の等式の中，〈観念論＝スピノザ〉の部分の究明を試
みた。もっともこのようにスピノザが（ヘーゲル自身が肯定的に評価するところの）観
念論者に列せられるからといって，その思想にヘーゲルは全面的に賛同しているわ
けではない。それどころか『エンチュクロペディー』においてヘーゲルは，「無世界
論（Akosmismus）」(HW8, 296)――神の「実体的な単一性」の偏重によって，言う
なればすべてが神一色に塗り潰されて個物の個別性が掻き消えてしまい，その結果，

多種多様な個物からなる世界の成立が否認されることになる立場——の廉でスピノ
ザを厳しく論難している[8]。しかしそれにもかかわらず，総じてスピノザの汎神論
は上来論じてきたような意味で観念論の（ということはつまり哲学の）亀鑑であると
ヘーゲルの目には映った。「哲学をすることを始めるのであれば，まずもってスピ
ノザ主義者でなければならない」（HW20, 165）という最大級の賛辞がヘーゲルから
スピノザに捧げられた所以もまたここにあったと解せられる。

　だが本章の劈頭で述べた通り，「観念論」とはヘーゲルにとって，唯にスピノザ哲
学のみならず，哲学全般の別称である。しかるにこの〈哲学＝観念論〉という奇説
はいかに正当化されうるのであろうか。この点を幾分なりとも詳らかにすることが，
最終節たる本節の課題である。

　この課題に取り組む上で，注目に値する論考がある。ハイデガー（Martin
Heidegger, 1889-1976）の「ヘーゲルとギリシア人」（1958 年）である。そこにはヘー
ゲルその人の哲学史観に関説した次のような条が見出される。「完成は，ただ哲学
史の歩みの全体としてのみある。しかもその歩みにおいては，始まりは完成と同
じ位に本質的なものであり続けている。すなわちヘーゲルとギリシア人である」[9]。
つまりここで「ギリシア人」とは「哲学の始まり」を指し，それに対して「ヘーゲ
ル」の方は「哲学の完成」を意味している（HGA9, 427）。そしてハイデガーの解釈
によれば，ヘーゲルが考える哲学の歴史は，始まり（古代ギリシア人の哲学）によっ
て終始一貫統制されつつ，完成（ヘーゲルの哲学）に到って集大成の絶頂に達するの
である。そこで以下では，哲学史の両端にあって哲学の真髄をそれぞれの仕方にお
いて示すところの「始まり」と「完成」に即して，〈哲学＝観念論〉なるヘーゲルの
哲学観の論拠を探ってみたい。

　「タレースを以て，われわれは哲学の歴史を本格的に初めて開始する」（HW18,
195）。このヘーゲルの見解に従って，紀元前 6 世紀，ミレトスを中心に活躍したイ
オニア自然哲学の始祖であるタレース（Thalēs, c. 624/623-548/545BC）に哲学の始ま
りを求めよう。夙に知られているように，アリストテレス（Aristotelēs, 384-322BC）

---

8) 同じ趣旨のスピノザ批判をヘーゲルは『哲学史講義』でも行っている。「[スピノザによれば]
　 事物と意識の区別や規定はことごとく，一なる実体に帰着するのみである。そこで次のように
　 言うことができる。スピノザの体系においては，あらゆるものはこの殱滅の深淵に投げ込まれ
　 るばかりである。しかるにその深淵から出て来るものは，何一つとしてない」（HW20, 166）。
9) Martin Heidegger, Hegel und die Griechen, *Gesamtausgabe*, Bd. 9, Frankfurt a. M., 1976, S. 433.
　 以下，同全集からの引用・参照箇所は，「HGA」の略号に巻番号と頁番号を添えて示すことに
　 する。

が伝えるところでは，「かの哲学なるものの創始者」ことタレースは，「万物の原初・原理〔*arche*〕」は「水〔*hydor*〕」であると説いた[10]。ではこのタレースの命題はいかなる意味で観念論的であるとヘーゲルは考えるのか。その点を詳らかにする上で，『論理学』と『哲学史講義』における以下の説明は裨益するところ大である。

> 新旧の哲学の諸原理，つまり水や質料や原子といったものは，思想であり，普遍的なもの，観念的なものなのであって，直接的に——すなわち感覚的な個別性において——見出されるようなものではない。かのタレースの〈水〉ですら，そうした類のものではない。というのは，いかにも経験的な［ないしは物質的な］水であるとはいえ，この水はまた同時に［それ以外の］他の全てのものの即自態，あるいは本質であるためである。かくてこれらの［水以外の］ものは自立的でもなければ，自らの中に根拠づけられたものでもなく，［それら以外の］他のもの（すなわち水）から措定されたもの，つまり観念的なものなのである。（HW5, 172）

> ［万物は水なりという］タレースの簡明なる命題が……哲学であるのは，この命題では，感覚的な［対象たる］水が，［それ以外の］他の自然の元素や事物に対してそれが有するところの特殊性において受け取られているのではなく，現実のあらゆる事物がそこに帰一し，その中に包含されているような思想として，それゆえに普遍的な本質として把握されているためである。（HW18, 202）

　これらの言をわれわれは以下の如く解釈しうるであろう。ヘーゲルの見るところ，タレースが最初の哲学者であるのは，森羅万象を合理的に解き明かすべく，個々の事物をめぐる種々の経験を緒として，それらを根底から統べている〈万物の根本原理〉へと漸次遡行し，翻って当該の原理から世界全体を統一的に基礎づけ，統合的に把握せんとする試みにタレースが逸早く着手したためである。だがその際，この万有の原理——タレースの所謂〈水〉——は，超自然的で人知の及び難き不可思議なものではないものの，さりとて知覚の場面で「感覚的な個別性において」見て取られるわけではない。つまりこの〈水〉は——なるほど「感覚的な水」として経験の対象たる側面をも備えているにせよ——基本的には事物の普遍的原理として，あ

10）アリストテレス，『形而上学』，983b20-25.

くまでも思考を通してしか近づきえない「思想の世界」（HW18, 203）に属しており，そしてその限りにおいてヘーゲルの言う「観念的なもの」なのである。のみならずヘーゲルによれば，そのような原理が全世界における事物の個々の存在の核心をなしている「本質」である以上，万物は（それ自体が「観念的なもの」であるところの）当の普遍的原理をそれぞれの仕方で体現しているのであってみれば，いかなる事物もそれぞれ無二の具体的な個物でありながら，同時にまた「観念的なもの」に他ならないのである。

　以上，〈哲学＝観念論〉というヘーゲルの見解の拠り所がいかなるものであるかを哲学の始まり（タレース）に即して明らかにした。では上来の議論は，哲学の完成たるヘーゲルに関しても当て嵌まるのであろうか。試みに『エンチュクロペディー』第1部第2部門「本質論」の末尾に置かれ，後続の第3部門たる「概念論」への導入部としての役目をも果たす「交互作用」論を取り上げよう。ここでヘーゲルが問題にする交互作用とは，相異なる二つの実体（ないしは現実的なもの）が因果的な作用とそれに対する反作用を互いに応酬しあう関係のことである（その例としては，「ある民族の性格と風習はその民族の憲法や法律が生ずる原因であるのか，それとも逆に前者の方が後者の結果であるのか」（HW8, 301）といった双方向の因果性が挙げられよう）。そうした関係性にある時，これらの実体は銘々が自立的なものとして存在し，一方は他方から截然と区別されている（このように自らの個別性を極めんとするものとしての実体の自立性は，〈自己自身への「否定的な」（HW8, 302）関係〉と呼ばれる）。

　だがヘーゲルによれば，二つの実体（または現実的なもの）がそれぞれ如上の仕方で自己自身であることに徹し，その自立性の真相へ立ち返ることによって，逆説的にも次の一事が露わになる。すなわちそれは，両者は共に，実のところは「一なる全体の契機であるにすぎない」（HW8, 303）のであり，その限りでは畢竟，軌を一にするということである（これは，ある民族の性格や風習と，その民族の法制度は，彼らの民族性という同じ一つものの表出形態であるという点で等しいことと同断である）。この事態をヘーゲルは次のように表現する。「互いに相手に対して自立的である〔二つの〕現実的なものの〔各々の〕自立性は，まさしく両者の同一性としてのみある」（Ibid.）。そしてこうした〈他なる実体との同一性（あるいは普遍性）としての実体の自立性〉は「自己自身への無限の関係」（Ibid.）と呼ばれることになる。

　かくてヘーゲルは，実体の自立性の如上の両側面――「自己自身への無限にして否定的な関係」（HW8, 302）――の中に，個別性と普遍性の統一態たる「概念」の段階に進む端緒を見出す。そして彼曰く，概念の立場は「絶対的観念論の立場」（HW8,

307）であり，そしてこの新たなる段階に立脚する哲学においては，「通常の意識にとっては〈一箇の存在者にして，その直接性において自立的であるもの〉として妥当するようなものが，もっぱら観念的な契機として理解される」(Ibid.)ことになる。だがこうしたヘーゲル自身の〈概念の立場〉の観念論的性格と，タレースの前掲の命題におけるそれとの間には連続性が見出されうるのであろうか。もし然りとすれば，それはいかなる点においてか。この両者の関係に関して，西谷啓治は次のように詳解している。長くなるが，重要な箇所は余さずに引用することにしたい（なお西谷は「タレース」を「ターレス」と表記している）。

　　ヘーゲルが「概念」と呼んだものは，……個別的なものの真実相，或はその真実相に於ける個別者を意味したのである。……例へばターレスからすれば「この草は水である」といふことが言れるであらう。……つまり，［この草は］どこまでもこの草であり，然も同時に宇宙の根本原理である。それがこの草（個別）であるといふこととそれが元水（普遍）であるといふこととは矛盾である。しかし万物の「もと」である元水がなければこの草もない。逆にまた，個々のものがなければ元水といつても抽象的な普遍であり，単なる観念にとどまる。……それ故に結局，個別と普遍とは矛盾し，然も矛盾したものとして一つでなければならぬ。「この草は元水である」といふ［ターレスの］判断は，さういふ連関の表現である。そして［ヘーゲルの所謂］「概念」とは，この草が元水であるといふ関係──一般的にいへば個別的なるもの（主語）が普遍的なるもの（述語）であるといふ関係──の全体が，端的に未分な一であるやうなものである[11]。

　以上のように西谷は，万物が世界に現にかく存在することをして可能ならしめている事態──すなわち個物（個別）と根本原理（普遍）が相互に「矛盾したものとして一つでなければならぬ」事態──の表現をタレースの前出の命題の中に看取すると共に，ヘーゲルの説く「概念」とは，まさにそのような「個別と普遍といふ矛盾したものが，判断において主語と述語といふ形に分裂して展開される以前に，矛盾

11）西谷啓治，「存在の問題と存在論の問題」，『西谷啓治著作集』第13巻，東京，1987年，16頁以下。爾後，同全集からの引用・参照箇所は，「NKC」の略号に巻番号と頁番号を添えて示すことにする。
12）Robert Stern, *Hegelian Metaphysics*, Oxford, 2010 (Reprinted), p. 76.

したままで端的に一つであるやうなもの」（NKC13, 17）の謂であると解する。よっ
てこの見方に従えば，タレースとヘーゲルは両者共に，今述べたような意味での
「概念」こそが「例へばこの草といふ存在物における存在そのものの……根源的な限
定」（Ibid.）であると考える点において軌を一にしているのである。

　「概念は現実の構造の一部をなしている」――現代のヘーゲル研究における第一
人者の一人であるスターンは，このように哲学の始まりからその完成に至るまで首
尾一貫して認められる如上の信念の理論的表明のことを「概念の実在［を主張する］
論（conceptual realism）」と呼び，この規定を以てヘーゲルの観念論を特徴づけてい
る [12]。

　概念の実在論。〈観念論＝哲学＝スピノザ〉という，かの不思議な等式の深意はま
さしくここにある。以上の結論を以てして，本章を終えることにしよう。

第 7 章

新カント派におけるイデアとアプリオリ
オットー・リープマン『現実の分析のために』に即して

渡邉浩一

1 はじめに

　哲学とはイデアの探求である。そのように言うことに，今日どれほどのリアリティがあるだろうか。発展し続ける科学技術文明とともに機械論・唯物論的な思考様式があてどなく瀰漫する中，「イデア」論は哲学史も含めて人文学の片隅でどうにか余命を繋いでいるものの，もはやトータルな世界観として生きられるものではなくなっているようにも思われる。

　もっとも，そうした動向もその批判的考察も昨日今日はじまったわけではない。近世初頭のデカルト（René Descartes, 1596–1650）らによるイデアの「観念」化を端緒として見れば，すでに 400 年来のものである。そしてその中にあってイデア論はさまざまに変奏され，新たな論点を生み出してきた。たとえばカント（Immanuel Kant, 1724–1804）の『純粋理性批判』（初版 1781 年）によって今につながる仕方で術語化された「アプリオリ（a priori）」もその一つの姿と言うことができるだろう。

　本論はこの「イデアとアプリオリ」について，19 世紀後半の講壇哲学の代表格である新カント派，なかでも特にオットー・リープマン（Otto Liebmann, 1840–1912）の『現実の分析のために（*Zur Analysis der Wirklichkeit*）』（初版 1876 年，以下『現実の分析』）に焦点を絞り，その議論の骨格を紹介することを目的とする。

　そこから浮かび上がってくるのは，先走って言えば，H・コーエン（Hermann Cohen, 1842–1918）と W・ヴィンデルバント（Wilhelm Windelband, 1848–1915）にそれぞれ連なるマールブルク学派および西南ドイツ学派のもとで最盛期を迎える新カント派の内部での，リープマンの議論の先駆性ないし典型性である。そしてそれは新カント派を批判的に継承した 20 世紀前半の三派——論理実証主義・実存主義・マルクス主義——にも一定程度あてはまりうるはずであるが，まさにそれゆえに今日の目にはすでに乗り越えられた・古びたものとして映ることだろう。しかし文化と

しての哲学は，そうした乗り越えられ・古びてゆく時代の良質な哲学者たちの活動
なしには，よく継承・展開されえないものなのである。

2　表象・意識への内在：リープマンの根本確信

　さまざまな「イズム」の分化発展・闘争の歴史として叙述される近現代哲学史の
中で，「観念論と実在論」（ないし「観念論と唯物論」）の二項対立は——「合理主義
と経験主義」と並んで——中心的な位置を占めてきた。そして歴史が現代の鏡であ
る限りにおいて，この枠組みは同時代の哲学的課題を指し示すものでもあった。
　「デカルト以来の近代の哲学は総じて，観念論と実在論の間で今日なお揺れ動い
ている争点のうちに本来の根本問題を認識してきた」(32)[1]。19 世紀中盤以降の新
カント派の興隆は大枠として，崩壊途上のヘーゲル学派の絶対的観念論と台頭途上
の自然科学流の素朴実在論（・唯物論）の両極に対するものとして捉えられるが[2]，
1865 年の『カントとエピゴーネン』によって若くして学派の旗手と目されるに至っ
たリープマンは自身，その成熟期の代表作である『現実の分析』第 1 章第 1 論文「観
念論と実在論（Idealismus und Realismus）」でこのように同時代の哲学的課題を方向
づけている。その手つきはいかにも古典的である。
　ただし両カテゴリーに対するスタンスは，ただちにいずれかの立場の選択を迫る
ような単純なものではない。むしろその見るところ，両者は「矛盾対立，絶対的対立
をなすものではまったくなく，相対的対立をな」し，「双方ともにいくつもの段階と
度合いがある」。たとえて言えば，「その内包の大部分を共有して重なり合う二つの
円」のようなものである。それゆえ，「バークリやフィヒテも，彼らが精神，主観，絶
対的自我に実在性を認める限りでは実在論者であるし，他方カール・フォークトの
ような生粋の唯物論者も，色や音に絶対的実在性を帰することがまずできないから

---

1)　『現実の分析』は著者存命中に第 4 版（1911 年）まで版を重ねているが，ここでは新カント派
　　の台頭期に焦点化するために初版（1876 年）に拠る。同書 Otto Liebmann. *Zur Analysis der*
　　Wirklichkeit: Philosophischer Untersuchungen. Straßburg: Karl J. Trübner, 1876. からの引用
　　は本文中に（）でページ数を記し，原文隔字体には傍点を付す。なお，ドイツ語の表記が今日
　　の正書法と異なっている箇所があるが，原語並記にあたっては原典のまま引用する。
2)　新カント派の全体像については，邦語による古典的研究として高坂正顕「カント学派」（高坂
　　正顕『高坂正顕著作集　第 3 巻』（理想社，1965 年）所収），それを補完・更新するものとして
　　大橋容一郎「新カント学派」（須藤訓任［責任編集］『哲学の歴史　第 9 巻　反哲学と世紀末
　　【19-20 世紀】』（中央公論新社，2007 年）所収）をあわせて参照。

には——しぶしぶながらでも——観念論を尊重していると言ってよいだろう」(33)。

このようにいずれの立場にも直接コミットせず，むしろ各種の「イズム」を相対化することからリープマンは考察を始めている。そこで前提されているのは，まさにカント（の『純粋理性批判』超越論的感性論）を髣髴とさせる観念性と実在性についての次のような認識である。

> ある事物の「観念性（Idealität）」ということで理解されているのはごく一般的に言って，その事物はわれわれがそれを表象するがままに，ただわれわれの表象においてのみ，ただわれわれと同種の知性（Intelligenz）においてのみ現前する，そしてそれゆえその種の知性がいずれも廃棄されればそのように存在することもなくなるであろう，という事態である。しかるに「実在性（Realität）」ということで理解されているのはそれと反対に，その事物の何らかわれわれによって表象される述語に，われわれ，ひいてはあらゆる知性を離れても自存する存在が帰属する，という事態である。(33)

われわれに直接に与えられるものは，なまの「事物」や「精神」でなく，あくまで心の中の「観念」「表象」である。すなわち，同書「プロレゴーメナ（Prolegomena）」で言われるように，「われわれにはあらゆる個物も哲学にとって重要な全対象も，すなわち現実（Wirklichkeit）というものは，ただ意識の内においてのみ，表象内容ないし表象として与えられるにすぎず，つまりわれわれは世界をまさにわれわれの認識能力がその本性と機構に従って世界をわれわれに示しうる通りに認識するにすぎない」(13)。このように著者は，カントとともに——あるいは遡ってデカルトやロック（John Locke, 1632-1704）とともに——自らの哲学的分析の出発点を認識主観・意識の相関者としての観念・表象に据える。これは近世の「観念説」あるいは近代の「意識の哲学」の伝統に従うもので[3]，この点でもリープマンはやはり時代の思考の枠組みに忠実である。

とはいえ，彼が自ら哲学するにあたっての確信（の一つ）はもう一歩，ある理論ひいては世界観・形而上学に踏み込んだところにある。リープマンはここでバークリ（George Berkeley, 1685-1753）の「存在するとは知覚されることである（*esse* is

---

percipi)」というテーゼに即して [4]，その理路を丁寧に辿りつつ議論を進めているが，その中で指摘するのは，彼のいわゆる「物質否定論（Immaterialismus）」（第 3 章第 2 節参照）という教義こそどこまでも「仮説」にとどまるものの（32），その前提をなす「観念はただ観念にだけ似ることができる」[5] という指摘の根底には，実在論者ですら認めざるを得ない「深く原理的な真理」があるということである（27）。この「真理」は端的には次のように言い表される。

> われわれは金輪際われわれの個人的表象領域から出て行くことはない。われわれがわれわれとは独立の何か，われわれの主観的表象の外の実在的なもの想定したとしても，われわれにこの絶対的に実在的なものはやはりまた，ただわれわれの表象として，思考内容として与えられるにすぎないし，その絶対的現存はわれわれの概念として与えられるにすぎない。（28）

　表象・意識への内在を人間知性の不可避の条件とし，ひるがってまた超越的な実在の認識をそもそも不可能であるとすること，そしてそのうえで，当の観念・表象世界の中の相対的な「実在」を探求すること。「実証主義」「現象主義」「主観主義」等の語によって位置づけられるであろうこうした主張が，実のところ，著者にとってデビュー作『カントとエピゴーネン』以来のものでもある。そこではエーネジデムスこと G・E・シュルツェ（Gottlob Ernst Schulze, 1761–1833）による批判を手がかりに，カントの「物自体」を表象外の超越的実在の現実存在をドグマ的に主張する「ナンセンス（Unding）」と断じ——その「欠陥」をそれぞれの仕方で引き継いだカント以降の諸家（エピゴーネン）ともども一刀両断に退け——，アプリオリなものの内在的探求という本来の課題への復帰を力強く説いていた（「それゆえカントに還らねばならない！」）[6]。

　ここでの議論も，遡ってバークリを手がかりとする点こそ異なるものの，基本的にそれと同型である。そして残念ながら，この表象・意識への内在という論点は，いずれにおいてもそれ以上——意識の構造も，またそうした論理空間の成立条件も

---

4) ジョージ・バークリ／大槻春彦［訳］『人知原理論』（岩波書店，1958 年），45 頁［George Berkeley. *The works of George Berkeley, Bishop of Cloyne*, ed. by A. A. Luce & T. E. Jessop, Vol. 2. London: Nelson, 1949, p. 42］。

5) バークリ前掲書，49 頁［Berkeley, *op. cit.*, p. 44］。バークリ研究において「似たもの原理」と呼ばれるこの主張については冨田恭彦『バークリの『原理』を読む 「物質否定論」の論理と批判』（勁草書房，2019 年），80–82 頁も参照。

——問われることはなく，むしろそこから「分析」が始められるべき根本前提・条件にとどまっている。観念論／実在論の二項対立を相対化するその仕方は，後の 20世紀の諸家の議論の萌芽と見られるところもなくはないにせよ，やはり多分に「主観」の側に傾いた，今日からすれば古めかしくも見える枠組みを脱してはいないように思われる。

　しかし結論を急ぎすぎないようにしよう。まずはその分析的探求によって相対的な意味での「実在」がどう位置づけられるのかを見ることが先決である。

3　メタコスミッシュなアプリオリ：リープマンの「先駆性」

　『現実の分析』第 1 章は全体として「認識批判および超越論哲学のために（Zur Erkenntniβkritik und Transscendentalphilosophie）」とのタイトルを持つが，その第 2論文以下でリープマンは空間・時間・運動・視覚・因果性を順次，分析の俎上に載せてゆく。たとえば空間であれば，同時代の感覚生理学（ヨハネス・ミュラー，ヘルムホルツ）や数学（ガウス，リーマン）の知見に拠りつつ，それがわれわれ人間ひいてはそれと同種の知性にとって現象・観念という主観的なものであること，しかも同時に三次元から成る客観的なものとして成立すること示す，といった具合である[7]。

　《主観的表象の客観的妥当性を示す》というのはカントの批判哲学の基本モチーフであり，そのうえで，その主観的表象が知性に備わる仕方を感覚生理学という自然科学理論に依拠して説明するという行き方は新カント派台頭期の E・ツェラー（Eduard Zeller, 1814-1908）や F・A・ランゲ（Friedrich Albert Lange, 1828-1875）等と軌を一にする（「心理・生理学的カント主義」）[8]。ただしリープマンについて言えば，その意図はカントの「アプリオリ」を経験化・相対化することにあるわけではない。むしろ「アプリオリとはわれわれおよびわれわれと同型の知性にとって厳密に普遍的なもの・必然的なもの，別様には考えられないものに他ならない」（81）というよ

6）渡邉浩一「なにゆえ「カントに還らねばならない」のか——リープマンの『カントとエピゴーネン』について」（日本カント協会［編］『日本カント研究』14, 2013 年, 173-174 頁），および Frederick C. Beiser, *The genesis of neo-Kantianism, 1796–1880*. Oxford: Oxford University Press, 2014, pp. 291-292 を参照。

7）これら諸論考については Beiser, *op. cit.*, pp. 307-311 が比較的詳しい。

8）大橋前掲論文, 387-396 頁。特にツェラーについては渡邉浩一「「認識 - 論の意義と課題」とは何だったのか——エドゥアルト・ツェラーの場合」（京都女子大学現代社会学部『現代社会研究』18, 2015 年, 23-37 頁）も参照。

うに，その必当然的確実性は堅持されるべき基本前提である。——ここに彼のもう一つの確信がある。

第1章第8論文「アプリオリの変貌 (Die Metamorphosen des Apriori)」は，アプリオリな概念の一連の分析のいわばメタ的考察として，当の「アプリオリ」のステータスを論じたものであるが，その冒頭——著者一流の息長い行文・造語・比喩を駆使して展開される——はこの点で特徴的である。

> アプリオリ（das Apriori）すなわち理性それ自体そのもの（die Vernunft an und für sich）は，哲学する上で欠かせず，議論する上で欠かせず，しかもとりわけ帰納する上で欠かせないが，それはすべて哲学すること，あらゆる議論，そしてまたあらゆる帰納（エパゴーゲー（επαγωγή））が，普遍妥当的な根本諸真理を根底に置き，神聖不可侵な思考の諸原理を承認し，そして確実な認識の諸法則を遵守すること——まさにそれによって思考，観察，経験，帰納的推理が現になされ，またなされるべきである——なくしては不可能となるであろう，——それゆえアプリオリなくしては不可能となるであろうからである。それはちょうど正常な眼なくして正しく見ること，文法や和声学の規則の本能的承認なくして正しく話したり作曲したりすることが不可能なのと同様である。仮に私に誰かが，自分は実のないクルミからクルミを発芽させたり，無精卵でヒヨコを孵化させうる方策，つまり，法則に起因する事柄を合法則的な前提条件なくして実行する方策を知っていると請け合ったとして，このことの信頼性はパンドラの箱の奇跡やアウエルバッハの酒場のメフィストフェレスのかの手品——テーブルに穴をあけてそこからお好みのどんなワインでも湧き出させる——と同レベルにとどまるであろう。(191-192)[9]

---

9)「アプリオリの変貌」は，デビュー作を除けば，おそらくリープマンの著作の中でもっとも息長く論及されてきた論文である。目についたところを時代順に並べると Erich Adickes. Liebmann als Erkenntnistheoretiker. *Kant-Studien*, 15, 1910, pp. 1–52; Max Wundt. *Die Philosophie an der Universität Jena in ihrem geschichtlichen Verlaufe dargestellt*. Jena: Gustav Fischer, 1932, pp. 467–468; H. Schepers, G. Tonelli & R. Eisler. "A priori/a posteriori," in Joachim Ritter (ed.). *Historisches Wörterbuch der Philosophie*. Bd. 1. Basel/Stuttgart: Schwabe & Co., 1971, pp. 471–472; Beiser, *op. cit.*, pp. 318–321。このうちアディケスの論は，経験主義者の立場からリープマンの議論を批判的に紹介・検討したものとして，もっとも詳しくかつ本格的である。

　立場は明白で,「合理主義と経験主義」あるいは——著者本人が好んで用いるところでは——「アプリオリズムと感覚主義（Apriorismus und Sensualismus）」の二項対立に関して言えば, リープマンは迷いなく前者に与する。上記引用に続く箇所ではデカルトの「生得観念（idea innata）」を出発点に, ロックによる批判, ライプニッツ（Gottfried Wilhelm Leibniz, 1646-1716）による再批判を経てヒューム（David Hume, 1711-1776）の因果性批判に至る周知の図式によって両カテゴリーの展開を辿ってみせるが, 近世哲学の主軸はあくまで前者にあり, 後者はその学説の不備を指摘し（ロック）, また最終的に懐疑主義という隘路に立ち至ったことで（ヒューム）, かえってアプリオリズムの修正・洗練に寄与したというのが彼の見方である（193-205）。

　個々の哲学者の解釈の妥当性については措くとして, 確かに「感覚」や「経験」が非概念的な感性的所与に終始するとすれば, どれだけ反復・蓄積されようとそれだけでは「構造」や「規則」が立ち上がってくることはないだろう。それゆえ感覚・経験によるインプットの契機に焦点化する哲学者たちも, 構造や規則の存在とそれについての知がわれわれに可能であることを認める限り, 何ほどか理性ひいてはアプリオリに依拠せざるをえない。——リープマンの主張がこの程度のものであるならば, それを認めるのは別段難しいことではない。むしろほとんど自明のことである。

　しかしここで要求されているのは,「厳密に普遍的なもの・必然的なもの」としてのアプリオリである。しかも前節でみたように, そのアプリオリも含めてわれわれの人間知性はすべて「われわれの個人的表象領域」,「主観的表象」の内にあるという条件が課せられている。このことはなるほど, 個別的なものと普遍的なものにまたがって生きるわれわれ人間の根本的な事実に根差した問題ではあるだろう。しかし, 以上のような仕方で両者を引き受ける場合, アプリオリはいったいどのようなものと考えられることになるのか。

　まさにこの点に答えるべくまずリープマンが指摘するのは, カント的アプリオリの画期性——従来の生得観念との根本的な種差——である。

　　端的には次のように言われる, すなわち, カントは普遍的必然的認識——（数学, 論理学, 形而上学の根本諸真理）——を, ドグマティストたちのように個体的な心的実体, プシュケー（ψυχή）, モナド, 精神（mens）等々の持参金と捉えず, ——というのも, 批判主義者はわれわれがそうした超感覚的心的実体について何も知らないことを知っているからであるが, そうではなく, かの認識

する意識の統べる根本規範および形式と捉えており，その意識はすぐれて「原事実（Urthatsache）」と呼ばれうるとともに，そのうちで主観に対して経験的物体界，個々の精神を伴った空間的マクロコスモスがはじめて成立するのである，と。(205-206)

カント的なアプリオリとは，それゆえ，第一義的には表象・認識の「機能（Funktion）」と解される。「カント以前の諸家は例外なくみな自らの認識論において「心（Seele）」から出発するのが常であった」が（206），真の関係は反対で，「心もそれ自体やはり認識する意識の（同じく適法的または非適法的）思考の産物であり，その内部で自我と非我，空間的世界と心的人格，物質的実体と精神的実体の対立がわれわれの眼前に開け，はじめて現存するようになる」(207)。つまりこの表象・意識作用は，「その内部でわれわれ自身も含めた全現実が客観として現象する不可欠の媒体」として，「原現象（Urphänomen）」とも呼ばれるべきものであり，しかも「当の主観はそれ自体そのものとしては，つまり，その機能から離れて見られると，われわれの認識および自己認識からまるきり逃れ去る」から，「断じて「自己知」は自らの精神的諸機能の精密な知見を超えてまで歩を進めることはできない」(233)。

《実体から機能（関数）へ》というのは20世紀の哲学・思想史において，前近代から近代への思想の転換を論じる際にしばしば用いられた視点であるが，リープマンの指摘はおそらくその言語化・概念化の最初期の事例の一つと見られるものである。

ところで，このことによってカント的なアプリオリは，「まったく新しい意義，コスミッシュな，それどころかメタコスミッシュ（metakosmisch）な意義を獲得する」(207)。やや唐突に導入されるこの語は，「世界」「宇宙」を意味するギリシア語由来の名詞「コスモス」の形容詞形「コスミッシュ」に同じくギリシア語由来の前置詞「メタ」——メタフィジックス（形而上学＝メタ自然学）の「メタ」——を付した新造語とみられるが，これによってリープマンは何を言おうとするのか。

前節で見たように，われわれの知性の表象・意識への内在という条件からして，一方で一切の表象はこの「経験世界の内部」のさらに「個人の頭の中」で生起する(223)，「個体的・心理的（individuell=psychologisch）」なものたらざるをえない(221)。（アプリオリな表象の代表例である）空間・時間もその限りではやはり個体的・心理的である。しかしそれにとどまらず，他方で，「経験的世界（Kosmos）に対する認識する意識の根本法則および知性形式が——感覚世界の視覚的形象に対する遠近法の

法則と同様――一貫して同じ意味で規定的・基準的である限りにおいて，アプリオリの意義はメタコスミッシュである」(223)。それゆえ，その限りにおいてアプリオリは「単なる個体的・心理的な精神の産物」ではなく (232)，同時に「世界の基礎(Fundament)」――「私が目で見，耳で聞き，手で掴むまさにその世界であるとともに，ドグマ的に思考し，体と心，物質と精神について思弁する知性が自ら超感覚的なものの夢想の天空において築き上げるまさにその世界」の「基底 (Basis)」でもある (207)。

　リープマンの見るところ，これが「超越論的 (transscendental)」という文字によってカントの語ろうとした事柄の精神である (218)。その基本姿勢は，一方で一切の超越的なもの（「物自体」）の認識可能性を棄却し，表象・意識への内在を徹底するとともに，他方で当の表象・意識作用が持つ普遍的・必然的な規範性を断固擁護するところにあるが，この両者を折り合わせたところに浮かび上がってくるのが《アプリオリのメタコスミッシュな意義》である。そしてそれは著者ひとりのものでなく，個体的・心理的な「生理学的アプリオリ」から超個人的・類的な「論理的アプリオリ」に向けて展開過程にあった新カント派の諸家――コーエンとヴィンデルバントを代表格とする――と共振しつつ，時代のスタンダードな解釈を形成してゆくものでもあった [10]。確かに新造語「メタコスミッシュ」こそ定着をみなかったものの，これによって指し示した方向性はまさしく先駆的なものであった。

　しかるに問題は，その射程が哲学史的に見てどの程度のものかということである。

4　「概念詩」としての形而上学：新カント派の Idealismus

　冒頭に述べたように，「アプリオリ」は「イデア」のいちバリエーションである。――前者は語史的にはアリストテレス（Aristotelēs, 384–322BC）に由来するが [11]，カントのアプリオリはデカルトの「生得観念」の系譜に連なるもので，その始原にはもちろんプラトン（Platōn, 427–347BC）がいる。しかしそれでは，プラトンのイデアとカントひいてはリープマンのアプリオリは具体的にどこが同じでどこが異なるのか。

　まずリープマンもカントも，変転きわまりないこの現象世界の中にあって，真

---

10) 同時期のコーエンおよびヴィンデルバントについては Beiser 前掲書 12・13 章を参照。
11) Cf. Schepers, Tonelli & Eisler, *op. cit.*

の知識に厳密な普遍性・必然性を要求する。その普遍性・必然性を担うのが彼らの「アプリオリ」であるが、それはまさにプラトンが「イデア」を通じて求めたものでもあった。つまり、この現実ひいては実在についての知識は、単に確からしい・蓋然的なものではなく、絶対確実な・必当然的なものでなければならないと考える点で、彼らは同じ知識観・真理観を共有している。

しかし、カント＝リープマンのアプリオリとプラトンのイデアは、その内実に関しては大きく異なる。前者の核心をなす空間・時間・因果性という概念は、それに従ってわれわれにとっての世界が構成されるという点では普遍的・必然的であるが、どこまでも《人間の知性にとって》という相対性・有限性を脱しない。これに対して後者が観てとろうとするのは、この世界を超えた形なき・時間なき永遠の実在——美そのもの、善そのもの——である（『パイドロス』247C 以下）。

そのうえでカントについて言えば、そうしたイデア的なものへの志向を人間理性が生まれ持つ素質とみなし、それを理論的に「知る」ことは不可能であるが、実践的に「信じる」ことは可能であるとして、道徳・実践のレベルではむしろ無時間的・永遠の価値への「超越」を積極的に位置づけている。その立場変更の蝶番となるのが、かの現象／物自体の区別であった（『純粋理性批判』第 2 版序文）[12]。ところがリープマンは、表象・意識への内在性をより強く引き受けることと表裏一体に、「物自体」的なものへの超越を徹底して排除する。その結果が、前節に見たような、カントの「超越論的」を「メタコスミッシュ」と解釈する徹底的に内在主義的なアプリオリズムである。

そうするとしかし、このリープマンの立場はやはり「現象主義」あるいは「実証主義」と呼ばれるべきものではないか。現にデビュー作『カントのエピゴーネン』においてプログラム的に提示され、ここで具体的に展開された内在主義的な「批判主義」に対しては、「アプリオリな認識を認める実証主義にすぎない」（M・ヴント）との評もある[13]。さらにまた、『現実の分析』が原理からの演繹・総合でなく「分析的方法」を採り、ピースミール的に事象分析を進めている点を加味して、「現代の分析哲学を先取りしている」（バイザー）と言われることもある[14]。もちろん、リープマンのアプリオリは総合的なものであるし、その論理学もフレーゲ（Friedrich Ludwig Gottlob Frege, 1848-1925）以前のものであるから前提・方法は大きく異なるが、のち

---

12) 現象と物自体の区別については第 5 章 2-2 も参照。
13) Wundt, *op. cit.*, p. 462.
14) Beiser, *op. cit.*, p. 307.

の論理実証主義と世界観的に通じるところは少なくない。

　とはいえ，実のところこれは事柄の半面であって，『現実の分析』においてリープマンは「内在」を自らに課しながらも，ほとんどその限界を踏み越えんばかりの形而上学的志向をほうほうで示している。

　まず同書第1章第7論文「事実の論理または因果性と時間継起（Die Logik der Thatsachen oder Causalität und Zeitfolge）」[15] において言うところでは，「絶対的知性——それにとってはあらゆる時間性が廃棄される——の可能性は，開かれている」（190）。われわれの内なる表象世界を統べているのは空間・時間形式とともにはたらく因果法則であり，そしてその「外」が認識不可能である以上，この世界のすべての出来事は因果的に決定されたものと解される。それゆえ偶然も自由も，あくまで相対的なものにすぎない。ただし，その世界の秩序を過去 – 現在 – 未来という中での原因 – 結果関係たらしめている時間性そのものは「主観的・観念的」なもの，つまりわれわれの知性に相対的なものであるから，その法則は「異なる仕方で有機化された知性のもとでは同一ではない」ということもありうる（190）。ここからリープマンは，主観性＝時間性のもとでの「事実の論理（Logik der Thatsachen）」に対して，その完成形態ともいうべき絶対的知性による「無時間的な世界の論理」——過去 – 現在 – 未来の区別なく全宇宙を「永遠の相の下に」見通すいわゆる「ラプラスの魔」——を仮説的に導入してみせる（188）。

　しかし，そうした知性が考えられるとして，その思考へと「開かれている」とは具体的にどういうことか。——先走って言えば，事は形而上学に関わる。

　第2章第5論文「プラトニズムとダーウィニズム（Platonismus und Darwinismus）」では，特に有機体・生命現象に即して二通りの説明原理の角逐・相関が論じられる。ここで「プラトニズム」ということでリープマンが理解しているのは，「物質的生成の流れの中の同一的範型（Typus）」に依拠する立場のことで（301），その限りにおいて感覚世界を超越する「イデア（Idee）」に拠るプラトンもそこに内在する「エンテレケイア（Entelechie）」に拠るアリストテレスも区別なく扱われる（305）。対して「物質的生成の流れ」の側，つまり質料・素材に焦点化した説明方式の代表格はエピクロス派で，現代の自然科学はその延長線上にあるが（308），それを生物にまで進展させた極致としてダーウィニズム，すなわち「動物界および植物界の諸々の形

15）初版の目次では「因果性と時間継起または事実の論理」となっているが，当該章の冒頭に従う（後の版でもそちらに統一されている）。

態の驚くべき豊かさは，ある単純で一般的な原型（Urtypus）の漸進的特殊化および分散的変化によって惹き起こされ，次第しだいに生じるという考え」がある（323）。この考えは経験レベルの説明方式としては非常に納得のいく確からしいものであり，それに従って科学的探求を進める「統制的原理」としては十分承認される（329）。

ただし，それと同時にプラトニズムも依然としてその固有の意義を保持する。というのも，ダーウィニズムは確かに生物種の変化と多様な発展をよく説明する仮説であるが，そうした変化を通じて保持される「生命」について，その存在を前提としながらも「なぜ生じるのか」，「何であるのか」については明らかにしえないままだからである。そしてそこに，経験科学とは異なるレベルでそれを統制する「仮説」としてのプラトニズムの余地があるという（331-332）。つまり，ダーウィニズムはあらゆる生物を絶えざる変化の中で捉えるのに対して，プラトニズムはそれを種としての同一性のもとに見る。そして再び先の「絶対的知性」を引き合いに出せば，そこでは過去 - 現在 - 未来の生物種が目的論的な仕方で一望のもとに把握される。

そしてここが形而上学の場所である。それは科学がもはやそれ以上進むことのできない地点で，「（おそらく解決されない）──要請（Postulat)・問題（Problem）」として自らの位置を得る。この「「批判的」超越論哲学」としての形而上学は，「われわれの知性と科学の限界と条件の研究」として，「首尾よくなされれば，論理的に許容される「概念詩（Begriffsdichtungen)」すなわちドグマ的形而上学の仮説の余地を同時に明確化するものである」という（335-336)[16]。

このようにリープマンは，われわれが条件づけられている「現実」のいわば境界線上にイデア的なものの余地を残す。──しかし，そのようにしてイデア的なものが現実の内に場所を占めるとすれば，両者の関係はどのようなものと考えられるのか。

第3章第1論文「理想と現実（Ideal und Wirklichkeit）」において改めて確認されるように，その内在主義の帰結として，「客観性の領域では自然必然性が支配してい

---

16)「概念詩（Begriffsdichtung)」はF・A・ランゲの『唯物論史』（第2版第2巻（1875年）第4章IV節）に由来する語であるが，好意的引用のあり方からも，リープマンがそこに同じ形而上学観を見出していたことがうかがえる。──コーエンらマールブルク学派に対するランゲの関係は，ヴィンデルバントら西南ドイツ学派に対するリープマンの関係と好一対をなす。

　ところで，同時期にドイツの思想界を席巻したダーウィニズムに対しては，リープマン以外の初期新カント派もリアクションを示している。バイザーは一章を割いてランゲ，J・B・マイアー（Jürgen Bona Meyer, 1829-97)，リープマンの三者三様のスタンスを紹介しているが，自然主義・機械論の進展に与するランゲ，経験の立場からダーウィンの仮説に懐疑を呈するマイアーに対して，形而上学の立場から目的論と機械論の「和解」を模索するところにリープマンの特徴があるとされる（Beiser, *op. cit.*, p. 426）。

る」。したがって「現実的なものはすべて，惑星系の運動であれ人間の脳の繊維の振動であれ，世のなりゆきの恒常的法則に従って存在・生成しなければならないとおりに存在・生成する」。しかし，われわれは「事実そうである」，「そうでなければならない」という事実性・自然必然性に対して，もう一方で「主観性の領域」において「異なる仕方でありうる」，「そうあるべきである」という意識を持つ（504-505）。そしてこれに応じて，自然法則の意識（「知（Wissen）」）と対比される規範法則の意識（「良心（Gewissen）」）を有し，さらに「そうあるべき事柄，既知または未知の規範法則に従って価値あるものと認識され，そのことから良心によって要請される事柄についての思想」，つまり「理想（Ideal）」を持つ（506-507）。

　もちろん，そうした「人間の諸々の価値理念（Wertideen）ないし理想（Ideale）」は，それぞれの関心において多様であり，相対的である。しかし一般化すれば，「論理的良心」に対して「真理」，「感性的良心」に対して「美」，「道徳的良心」に対して「善」という「三和音」が考えられるだろう（508）。また価値の内実についても，何を「美しい」と評価し，何を「善い」と評価するかは相対的である。とはいえ，「美の概念や道徳性の概念が変化することは決して美学や倫理学の最高の規範法則が現存することと矛盾しない」。なぜなら「現実（Wirklichkeit）とは，法則の単純な・自同的な表現でなく，永遠の法則と推移する個別の諸条件の可変の産物だからである」（511）。それゆえリープマンは反語的に問う――「そもそも人間の技芸や学問，法，掟，政治秩序と進歩，道徳と宗教，総じてわれわれの文化とは理想が現実に発芽したものではないのか？」（509）。そして言う，「不変・同一の自然法則に従って物質的カオス，回転する原始星雲が，開化した・人間の住む惑星系へと発展したように，永遠の規範法則に従って道徳的カオス，人類の野蛮な原初状態もまた，多種多様に姿形を変えながら開化した文明へと発展することがありえよう」（511）。

　この観念論＝理想主義がリープマンの「現実の分析」のさしあたってのゴールである。

5　おわりに

　以上，1876年のリープマンの『現実の分析』に即して，意識・表象への内在（第2節），「メタコスミッシュ」なアプリオリ（第3節），仮説としての形而上学と文化的理想主義（第4節）という論点を駆け足に紹介してきた。新カント派は1870年代後半から80年代にかけてコーエンおよびヴィンデルバントのもとで「盛期」を迎え

ることになるが，主観－客観関係をベースとした内在主義的な批判主義（認識論）
（第2節），アプリオリの論理主義的解釈（第3節）といった学派の共通論題はもとよ
り，西南ドイツ学派の文化哲学・価値哲学を彷彿とさせるその議論（第4節）は，確
かにヴィンデルバントをして「リープマンはすべてのカント主義者の中で最も忠実
なる者と呼ばれうる」と言わしめるだけのことはある[17]。

　とはいえ，ここでの「批判的形而上学」は著者自身にとっても学派にとってもま
だ途上のものである。控えめに，また断片的に導入されたその主観性（「意識一般」）
の構造についてはこののちリープマン自身ひいては学派の他のメンバーによって
大々的に展開され，やがてまた後続世代によって——それが前提する主／客，内／
外，事実／規範といった二元論的枠組み自体——乗り越えられるべきものとして批
判されることになるが，いまはそこに立ち入る準備も紙数もない。

　ただリープマンひいては新カント派の帰趨を見極める手掛かりとして最後に一
瞥しておきたいのは，デビュー作以来の内在主義的立場と著者生来の超越的なもの
（イデア，形而上学）への志向の相克についてである。「メタコスミッシュ」の語に象
徴されるように，超越的なものの内在化に努めつつもしばしばその限界を踏み越え
るようなその姿勢に対して，諸家の見方は実のところ大きく揺れている。

　ヴィンデルバントによれば，リープマンは「最高度の形而上学的欲求」ひいては
「想像力の衝動，高揚」——詩集『世界遍歴（Weltwanderungen）』（1899年）へと結
実するほどの——に駆られながら，「同じく高度の知性の自制，内的規律」も持ち
合わせていた。彼の「批判的形而上学」とはそのような「自ら加えた制限の内での
諦念（Resignation）」の産物であるが[18]，これにより「心理発生的な経験論というス
キュラと新観念論［新理想主義］の形而上学というカリュブディスの間にあって，彼
は確かな手つきで批判主義の船の舵を取り切り抜けた」という[19]。

　しかしM・ヴントの見るところでは，その「厳格に制御された，批判的な知性

17) Wilhelm Windelband. Otto Liebmanns Philosophie. *Kant-Studien,* 15, 1910, III.
18) Windelband, *op. cit.*, VII.
19) Windelband, *op. cit.*, IX.
20) Wundt, *op. cit.*, pp. 482–483.
21) Beiser, *op. cit.*, p. 327.　カントの批判主義の内在主義的解釈はリープマンの専売特許ではなく，太田匡洋『もう一つの19世紀ドイツ哲学史——ポストカントにおける哲学方法論の系譜』（京都大学学術出版会，2022年）が提示した《ショーペンハウアー－フリース－エーネジデムス》という一連の系譜に遡りうる。リープマンのショーペンハウアーおよびフリース理解についてはデビュー作での批判的議論が注目されがちであるが，この系譜からの積極的な影響についても検討する余地があるように思われる。

と，しなやかな，なまなましく豊かな現実の充溢に耽溺する想像力との間の本質的緊張」は和解に達することはない。デビュー作以来の思索の遍歴はやがてドイツ観念論の形而上学への接近を見せるが，ついにカントの地盤を離れることはないため「悲劇的」様相を呈する。このときリープマンの詩作は余技以上の，自己の情感に適った世界観の表現と解されることになるだろう[20]。

　バイザーの評もこれと似るが，初期は実証主義的・内在主義的であったところ，次第に超越的なものへの傾斜を強め，ついに主客（の区別）の一次的源泉に関してウパニシャッドやヴェーダーンタを引き合いに出すまでになることから，リープマンは最終的に「神秘主義へ扉を開いた」，「かつて内在性の限界内にとどまるよう主張していた者が，それを超越する衝動に，しかももっともデスペレートな仕方で駆られてしまった」と結論づけている[21]。

　はたしていずれをもってリープマン，ひいては新カント派の精神と見るべきだろうか。彼らによって見出されたカントの精神が，今日の目にはむしろ著者自身のそれの反映であったと見られるように，これらの諸家の評も同様にそれぞれの自己表現であるということは，確かにありそうなことである。しかしそうであればなおさら，論者自身がリープマンをどう見るのかが問題になるだろう。そしてそのためには，やはりまず文字からはじめる他ないだろう。

第8章

現象学における「本質」と直観

フッサール，メルロ＝ポンティ，レヴィナス

佐藤義之

1　はじめに

　現象学の祖であるフッサール（Edmund Husserl, 1859-1938）は，プラトン（Platōn, 427-347BC）のイデアを彷彿させるような仕方で，「本質」概念を論じた。確かにイデアにおいて見られた，ある種に属する個物をその種のものとして存在させる根拠というような存在論的な意味はフッサールのいう「本質」には見られない。「本質」とは，ある種に属するものであるために不可欠の諸性質の集合であり，それ以上のものではない。しかしながらイデアとの共通性は他にもある。というのもフッサールによれば，哲学が探求すべきは対象の偶有的な事実的性質ではなく，事実的歴史的な要素を払拭したものであり，本質もそういうものとして探求されるのだからである。

　彼は現象学も当然，「本質」の探究が課題だと考える。ところで，現象学では現象としての所与性の有無が重要な意義を持つ。もちろん彼はその「本質」の観取の方法として，プラトンに見られるような彼岸的な方法は退ける。そうではなく，「本質直観」と呼ばれる特別の学問的直観において「本質」が与えられるものと見なす。「本質」と見なされたものが単なる思い込みや恣意的な規定でないという正当性が，こういう仕方で確保できるとされるのである。学問的にどのような主張を行うにせよ，その主張に主観的信念にとどまらない真理性を保証する根拠が必要となるが，直観的所与性がそういう根拠として持ち出されるのである。

　このような議論に対し，のちの現象学者の多くは批判を向けたが，その先鋒であるメルロ＝ポンティ（Maurice Merleau-Ponty, 1908-1961）は，フッサール的本質観が根源的なものと言えないと強く批判する。むろんメルロ＝ポンティも，ある種に属すものの経験において，そのものがその種に属すものであるために不可欠で偶有

的でない諸性質が与えられることを否定しようとはしていない。そういう経験内の「本質」が，フッサール的本質観の元になったのである（以下，本章では，便宜上，前者を「経験的本質」，後者を「フッサール的本質」と呼んで区別する。区別が必要ないときは「本質」で両者を総称することもある）。しかしそれはフッサールの主張するような，「本質直観」によってとらえられるものではない。むしろそれは知覚的経験レベルの所与性に根づいたものであり，そのレベルで当該の性質の正当性も確保される。

　一方，レヴィナス（Emmanuel Lévinas, 1906-1995）は彼らのように，犬というようなある特定の種の「本質」をなすものが個々人の直観において正当化できるものと見ない。フッサールがある特定の種の「本質」ととらえ，メルロ＝ポンティが（われわれの呼び方では）「経験的本質」としてとらえたもの——私はこれを以下，種の「何であるか」と呼ぼう——は，レヴィナスの考えによるなら，他者から到来するものだと言えよう。レヴィナスにおいて「何であるか」の真理性，正当性は別のところ，他者の保証に求められる。

　以下では，このような議論をたどりながら，現象学における「本質」（と呼ばれたもの，つまり「何であるか」）と直観の関係を問い直したい。私も，レヴィナスに沿って「何であるか」が直観的裏付けを必要としなくても妥当することを主張したい——これだけが妥当するというのではない——。ただ，レヴィナスが主題的に分析しているわけではないが，そういう形で妥当する「何であるか」は，フッサールやメルロ＝ポンティが考えた「本質」とは，起源や正当性の由来だけでなく内実も異なってくる可能性がある。それはもはや「本質」とは言いがたい形で（だから「何であるか」という広い語で呼ばざるをえない），しかしその対象が何であるかを識別するために機能する。

　なお，本書全体のテーマである「観念」について，フッサールを中心とする現象学においては，近代的な「観念論」との関連においてもまた，問題とすることができるだろう。しかし紙幅の関係で，本章では，このような現象学における「何であるか」をめぐる議論を，「何であるか」を裏付ける直観との関係にしぼって検討することにしたい。

2　フッサール的「本質」とメルロ＝ポンティの批判

　フッサールによれば，想像力を駆使し，現実の対象を想像のなかで現実をこえて自由に変更していく「自由変更」と呼ばれる操作によって，その対象がその種に属

するものであるために不可欠の性質——つまりその「本質」——とそうでない性質とを見分けることができる[1]。「机」という種の本質をなす性質が何かを理解しようと，眼前の机を想像のなかで変化させていくとしよう。文字を書くための天板などをなくしてしまえばもはや机と言えず，そういう部分があることが机の本質に属すと分かる。現実の机はすべて事実上の制約——販売品としての金額的制約など——によって規定されているから，現実のすべての机が共有している諸性質であっても，本当に必然のものとは限らない。自由な想像上の変更だけが，事実的な要素を完全に払拭できる。その操作を経て，真の本質を私は直観できるという。こうして得られる直観が先述の「本質直観」である。

　フッサールは学問にとって必要な普遍性を確保するためには，このような操作が必要と考える。そして，この「本質直観」という直観こそが，「本質」が——たんにそういうものと主張されているだけのものでなく——現象的真実であると言えるための根拠を与えるものだと言えよう。

　これに対してメルロ＝ポンティは，こういうフッサールの見解を強く批判する。メルロ＝ポンティに言わせれば，フッサールのいう「本質」とは，想像力の限界を示すだけで，「積極的な存在ではない」（VI149/155）[2]。現実の机が机の「本質」の現実化であるわけではない。実は，「逆に可能的な諸世界や可能的な諸存在こそ，現実の世界と現実の〈存在〉のヴァリエーションであり，いわばその写しなのだ」（VI150/156）という。

　彼の議論を噛みくだけばこう言えるだろう。想像力がさらに遠くまでおよぶなら，いま「本質」と思われている性質も実はそうでないと判明するだろう。想像が本当に現実からまったく自由になることが可能なら，「本質」と以前思われていた性質も，霧消してほとんど何も残らないだろう。

　では，どうして現実をこえることができないのか。想像力が有限だからなのか。そうではない。そうではなく，人間の知覚や思考に関わる志向対象が，事実的なものと不可分な仕方でむすびついており，事実性を排除できないからである。具体的な例をもとに考えてみよう。

1）E. Husserl, *Erfahrung und Urteil*, §87a, Felix Meiner Verlag, 1972. 邦訳『経験と判断（新装版）』（河出書房新社，1999年）87節a。
2）VI は M. Merleau-Ponty, *Le visible et l'invisible*, Gallimard, 1964. の略号。この書籍からの引用はこの略号とともに引用頁数を記す。なお，スラッシュの次の数字は邦訳『見えるものと見えないもの』（みすず書房，1989年）の該当頁数。

　フッサールは「自由変更」を経た「本質直観」を考察する際，「社会的できごと」を例に挙げている [3]。「できごと」には該当しないが，私はここで国家を例に考えてみたい。「自由変更」によって国家の諸性質を変化させてみよう。現実の国家は，ホモ・サピエンスが構成する組織であるが，ホモ・サピエンスが構成するものである必然性はない。社会的生物なら，彼らなりの国家を構成しうるであろう。しかしその生物が人間のような欲望を持たないため，あるいは欲望をみたすための資源が——空気のように——いくらでも手に入るような環境に住んでいるため，資源をめぐる争いがないと想像してみよう。国家は資源分配のための強制も必要なく，争いを調停したり罰する機能も必要ない。強制力を欠いたそういう「国家」とは，われわれの国家観と随分異なったものとなるだろう。しかしわれわれの国家観は，われわれの事実的条件にとらわれすぎているのである。普遍性を重視するなら，強制性は国家の本質に属さないということになるだろう。

　しかしこういう仕方で「国家」の「本質」に属さない性質をふるいにかけて削除していけば，「多数の構成者よりなる集団」というような，どうでもよいような形式的な性質しか残らないだろう。メルロ＝ポンティがフッサール的「本質」は「積極的なものでない」と批判するとき考えていたのは，このようなことと理解できるであろう。「自由変更」を経て，何か積極的な国家の規定が残るわけではないのだ。

　あるいは次のように反論されるだろうか。「君の上の議論は強制性といった性質を国家の本質として取り出せたということを意味するのであって，自由変更の無意味さを示すどころかその有効性を示している」と。しかしながら私の議論は，国家概念が人間という事実の鎖を断ちきれぬものであることを示しており，これはおそらくフッサール自身が例に挙げる「社会的なできごと」のすべてにも該当するだろう。「社会的なできごと」を人間の事実性を離れて考えられるとは思えないからである。だとすればこのようなものについて，事実的な人間に制約されぬ「本質」を求めようとする試み自体の無意味さは明らかではなかろうか。社会科学の遂行にとって，このような「本質」の獲得はほとんど何の効力も持つまい。

　ただ，メルロ＝ポンティは，事実性を断ちきったと僭称しない限りでは，「本質」を無意味なものとして退けてしまうわけではない。ここまで参考にしてきた『見えるものと見えないもの』では，「本質」も知覚的な世界との関わりのなかで考えら

---

3) E. Husserl, *Ideen zu einer reinen Phänomenologie und phänomenologischen Philosophie*, Erstes Buch, §4, Martinus Nijhoff, 1950. 邦訳『イデーン I-I』（みすず書房，1979 年）4 節。

れる（本章で言う「経験的本質」）。「本質」を初めとするもろもろの概念も，知覚において知覚対象（「見えるもの」(le visible)）の現れを実現するために働いている。それらは「見えるもの」を可能にする「見えないもの」(l'invisible) とされる。「見えないもの」には各種あるが，たとえば立方体の背面は「見えないもの」である。立方体の三つの面は背後に隠れ見えない。しかしそれが見えてしまえば，立方体ではない（立方体の展開図になってしまう）。また，背面をなす面が実は欠けているなら，立方体と言えない。三つの背面は，隠れて見えない仕方であることで，立方体を立方体として存立させ，そういうものとして見えさせているのである。

　メルロ＝ポンティの考えでは，「本質」（私の呼び方では「経験的本質」）も，知覚対象をしかじかのものとして見えさせるためには不可欠である。「本質は……感覚世界の上でなく，その下あるいは深みにあり，その厚みである」(VI273/318)。しかしこのように働いている「経験的本質」こそ，フッサール的「本質」のように事後的に取り出された「本質」とはちがって，真の意味での「本質」だと言えるだろう。こういう「経験的本質」を検討してみよう[4]。その「見えないもの」としての「経験的本質」は，先述のように，事実と離れたところにあるわけではない。

　「経験的本質」が持つ「堅固さはもろもろの現れの上にあるのでもなければその下にあるのでもなく，諸現出の継ぎ目にあるのであり，それはある経験をそのさまざまなヴァリエーションと密かにむすびつけるきずななのだ。」(VI155/161)

　メルロ＝ポンティの議論も抽象的なものにとどまっているので，具体例を用いて彼のこの発言の意味を考えてみよう。知覚において働く「経験的本質」が，知覚する個人の感じ方や，当人にとっての実践的な価値などを大きく反映するものとなることは間違いがない。つまり，主観的，実存的な色彩を色濃く帯びたものとなる。

　たとえば幼い子がそれまで何度か犬を見たり触ったりしたことがあるのだが，あるとき生まれて初めて犬に吠えられたとする。この体験は，以後，犬という種に属す全個体に対するその子の見方，対応の仕方を変えるだろう。一方，経験からの帰納を科学者のように考えるなら，一回の体験だけでは，普遍的な判断を下すには不足していると言わざるをえない。だから，即断を避け，まずは虚心に犬に関する多くのデータを集めるのが妥当かもしれない。公平性を保つためには，そのデータ収集の間は，既得のデータ（吠えられたという経験）が新規の対象の知覚に影響を与え

---

4) 言語レベルで会話や思考において働く「本質」もあり，これもまた真の意味での「本質」であり事後的に取り出されたものとは区別されるべきだが，第3節以降で扱う。

てはならない。吠えられたことがあるからといってこわごわ遠くからながめるだけでは，吠えられるデータが増えることもないだろう。また，そういう対応では，恐いものという印象を覆す，犬になつかれる体験もえられないだろう。だから先入観を退けてデータを虚心に集めることが重要である。そのときそのデータは対象的なもの，「見えるもの」にとどまるだろう。それは新規の対象知覚に影響を与えるような「見えないもの」としての性質を帯びない。しかし客観性のためには，「見えないもの」としての性格を持たないようにせねばならない。

　しかしわれわれの知覚の実際はこういうものではない。一回だけ知覚された対象の性質（吠えるもの，恐ろしいもの）が，犬という種に普遍的な性質（一般的に吠えるもの）と信じられる。そうしてその性質は次に見た犬の個体といった，他の対象に——実際に吠えられることがなくても——当の性格を与えることで，「ある経験をそのさまざまなヴァリエーションと密かにむすびつける」（前掲引用（VI155））もの，つまり非対象的なものと化すのであり，「見えないもの」と化す（ことがある）。この際，私の生にどう刻印されたかが重要な意味を持つ。犬のある個体が主観的に重要な体験を与えた（体験に現れる限りのその犬であって，客観的なそのものではない）なら，その犬が犬という種の代表となり，私の経験一般をのちのち規定するだろう。これは客観的な観点からすれば，過剰な普遍化かもしれない。このように，個物があくまで個物でありながら「次元性を持つ」ことや，「中性的なものになる」（VI301/361）ことがある。しかしその過剰な普遍化によって，私は新しく出会った犬の個体を見ている。

　この「経験的本質」について，以下，本節末までメルロ＝ポンティを敷衍して考えを進めていこう。

　「見えないもの」と化した「本質」（「経験的本質」としての「本質」）を，単なる可能性の予想（吠えるかもしれない）の根拠と考えることはできない。予想は対象的で，確率的なものにすぎないだろう。しかし，日常の経験において私は，確率的なものとして，予想があたる可能性も裏切られる可能性も考慮に入れているわけではない。むしろ犬が吠えるかもしれないとおびえることで，犬が吠える可能性を生きている。たとえこの犬は吠えないと保証されても，そして吠えないと理性的に納得しても，私のおびえは消え去らない。吠える可能性は理性的に思考され認識の対象となるものでなく，対象的レベルで否定されても，体験レベルで生きられ，実在する。思考のレベルのことがらでなく，生のレベルのことがらなのである。

　そしてこの例で分かるように，吠えることという犬の「経験的本質」は必ずしも

現実的，顕在的な性質である必要はない。可能性としての吠えることもそのものの「経験的本質」として機能できるのである。ただ，現実的でないといっても，フッサール的「本質」のように，現実の生とは無縁な想像において思考される対象なのではない。可能的な性質も，可能的なものとして生きられる限りにおいて，「経験的本質」として働きうるのである。

　そして生きられたものであることが，「経験的本質」に，単なる主張，憶測とは異なる真理性の資格を——少なくとも主観的には——与える。フッサール的「本質」とは異なり，経験レベルであるが，別種の直観がメルロ＝ポンティの「経験的本質」を支えているのである。

　「経験的本質」が経験レベルで直観されるということは，普遍的なものが，普遍的なものとして経験に与えられているということである。個物だけが経験されて，普遍はそれから推測されるものだというわけではない。一度犬に吠えられた私は，その後は，別の犬の個体であっても，おびえのなかで，その犬もまた吠える可能性を持つものとして体験するのである。つまり普遍性は経験に現れている。ただしその犬を恐ろしいものとして見えさせるが，それ自体としては見えないもの，つまりメルロ＝ポンティのいう「見えないもの」という形で現れているのである。

　ただむろん，このように主観的に「本質」を規定するなら，その「本質」（「経験的本質」としての「本質」）と見なされた性質の普遍性が現実の経験のなかで確証されるとは限らない。吠えない犬がいるかもしれない。主観的なものである「経験的本質」は常に現実によって裏切られる可能性にさらされている。ただ，このことは織り込み済みであり，「経験的本質」はその非妥当が観察されれば柔軟に改変がなされる。経験には常に予想をこえる部分がある。われわれの予想は貧弱であり，いくら予想に精力を費やしても裏切られるものだから，われわれは，予想の精度を高めるために大きな時間と精力を割くより，その時々の現実に即座に対応することに注力するという基本戦略をとっていると言えるだろう。

　「経験的本質」に関しても，経験されたものからのズレがあることを当然の可能性として，それに対応すべく用心することがある。初めて犬に吠えられた子どもは，吠えられたことのない猫にも，吠える可能性を感じ，おびえるようになるかもしれない。その子は経験のなかでいままで形成してきた猫の「経験的本質」を乗りこえて，現実を可能性の目で見ているのである。しかしフッサールの「自由変更」のように，単なる思弁的な推論や想像において乗りこえているのではない。猫が吠えるかもしれないとおびえるとき，自らの生において，いままで作り上げてきた猫

の「経験的本質」を，将来の経験により乗りこえられるかもしれないものとして生きているのである。しかも，その乗りこえは，それ自体が犬に吠えられた経験に動機づけられたものであるという点で，かなり限定されたものである。事実性一切から切り離された（と主張される）「自由変更」における無制約な事実性の乗りこえとは大きな隔たりがある。

　知覚レベル，経験レベルの「経験的本質」は，経験的直観によって妥当性を保証される。しかしながら主観的経験に根ざすことによって，事実性の制約をまぬがれない。

3　他者から到来する「本質」：レヴィナス

　犬という種の「経験的本質」についてなら，ここまで述べてきたような仕方でえられるということは認めてよかろう。しかしながらこの世に無数にある種について，すべて一々，前節で見たように直観的な理解の裏付けにより「経験的本質」を習得するということは考えにくいのではなかろうか。確かに犬のような，強烈な経験をともない，強い印象を残す種についてはそういう仕方でえられるかもしれない。そしてまた，「本当の理解」とはそういう理解だと言えるかもしれない。しかしながら，少なくとも実際に私は，多くの種について，そのような理解を得ないまま，いわば「表面的にしか」その意味を理解していないように思われる。しかもそういう理解は私の知識の大きな部分を占めている。それらを「表面的理解」と片付けるだけでよいものだろうか。

　メルロ＝ポンティとは別の方向性を探るために，知識習得における他者の関与を重視するレヴィナスの議論を参考にしてみたい。レヴィナスでは，犬，猫というような，種の「何であるか」を習得する場合も，当然ながら他者の関与が重要な意味を持つ。なお，種の「何であるか」は，フッサールならフッサール的「本質」，メルロ＝ポンティなら「経験的本質」と考えられたものであるが，レヴィナスではもはや「本質」という名称がふさわしくないものになる。そのため，本章冒頭で断ったように，レヴィナスのものも含めすべてをカバーできる「何であるか」という用語を使うこととする。

　レヴィナスは知識習得の典型的な場を，メルロ＝ポンティのように知覚的な個人経験に見るのではなく，他人から私への言語による「教え」という間主観的な場面に見て取る。子どもは言語共同体のなかに「教え」によって導かれ，言語共同体が

共有する知識を身につける。種の「何であるか」も多くはこういう仕方で身につけ
られると言えよう。

　しかしながら，種の名や，その種がどういう特徴を持つかという情報を伝えれば，
「何であるか」の「教え」は実現されるというわけで．．ない。人は基本的に利己的で
あり，自己の利害関心から世界をながめている。自己中心的で主観的な意味世界に
こもっている。一方，言語および言語共同体の共有する知識は間主観的な意味世界
を構成する。二つの意味体系はまったく別のものである（TI68/ 上 183-4）[5]。した
がって，私に間主観的な意味を伝えるときには，伝達される間主観的意味を受けい
れさせるためにも，伝達に先だって，私の利己的態度を根本的に変更させることが
必要となる。その変更には教える「師」（他者）と教えられる「弟子」（私）との人間
関係が条件となる。間主観的な意味の受容とは，最初に人がそのなかにいる自己中
心的な世界観を放棄し，代わりに間主観的な他者からの世界観を受けいれることな
のである（「記号の使用は……ものを贈与できるものとし，私の使用から解放し，譲り渡し，
外的なものにすることを可能にするのである」（TI184/ 下 65））。その課題は容易ではな
いし，それにより「弟子」の側に大きな利益が生じるわけでもない。しかしその課
題を実行させねばならない。そのためには「師」となる他者への敬意が不可欠であ
る。「師」は自分に向けられた「弟子」からの敬意をテコに，教えられる対象に注意
を向けさせ（TI72-73/ 上 193），「教え」の内容を受けいれさせる。

　「教え」の内容が嘘でないと何が保証するのか。それは教える「師」が保証するの
である（「発言とは，どんな現れにとっても避けがたい隠蔽を，たえず更新される全面的な
率直さにおいて乗りこえることである」（TI71/ 上 189））。尊敬に値しない人が情報を教
えても私はそれを受けいれない。尊敬できる相手が語ることが必要である。しかも
面と向かって私に語る以上，「師」は，自らのことばが嘘ならとがめ立てを受ける
覚悟で語っているのである（「命題を受けとったものは，その命題において，尋ねる可能
性を授かる」（TI69/ 上 186））。師とは，「自らの言説を援護するもの」（ibid.）である。
そういう覚悟で語る他者を信じるからこそ，そのことばを信じるのである。つまり，
教える「師」と「弟子」の倫理的人間関係が情報を真なるものとして受け取ること
を，すなわち「教え」を可能にする。

　私はレヴィナスのこの議論は基本的に正しいと思う。ただそれに加えて，「教え」

5）TI は E. Lévinas, *Totalité et infini,* Nijhoff, 1961. の略号。この書籍からの引用ないし参照の場
　合はこの略号とともに該当頁数を記す。なお，スラッシュの次の数字は邦訳『全体性と無限』
　（岩波文庫，上巻 2005 年，下巻 2006 年）の該当巻号と該当頁数。

において他者の果たす役割として，彼の挙げていない次のようなものも考えられる。

　生物にとって，未知なるものは危険を秘めたものであり，基本的に警戒され避けられるべきものである。しかし一方，未知なるものは有益なものかもしれず，未知の回避は利益を逸失する可能性を含む。ここでジレンマが生じる。確かに警戒心を乗りこえさせる動機として好奇心がある。私は未知なるものに惹かれ，それを知ろうとする。しかし一方で，未知への警戒心が強ければ，私はそのものに近づくことはない。そして近づかないままに過ごしていれば，いつかそのものは新奇性を失い，陳腐化してもはや好奇心を惹起することがなくなる。そうして私は，知識を広げることのないままにとどまる。このようなジレンマを乗りこえさせる有力な手段が他者の導きである。他者は私が（私にとって）新奇なものと接触する場面に立ち会い，そのことでその新奇なものが危険を含まないことを私に示す。あるいはそこに立ち会うことで，そのものが危険を含むとしても盾となって防いでくれるだろうと私を安心させる。私は他者の導きをえて，恐れをのりこえて新奇なものに接触し，名称を覚え，その特徴を知る。あるいはそれが道具ならその操作法を学ぶ。つまり，私が当の対象に触れるだけで，あるいは対象についての情報が伝えられるだけで，対象認識が実現されるわけではない。他者が私の教えを受ける態度，新奇なものに開かれた態度を可能にし，そのことで認識も可能にするのである。

　要するに，レヴィナスの明言していた点に限らず，知識習得のさまざまな側面で，他者が本質的条件として関わってくるのである。

　さて，レヴィナスの議論をふまえ，本節冒頭でメルロ＝ポンティに向けた問いをとりあげなおそう。種の多くは他者から言語的に伝えられるが，そのような種の「何であるか」について，メルロ＝ポンティの言うような直観的な理解が可能だろうか。もちろん一部のものについては可能だろう。しかしすべての種について，そのような理解ができるとは思えない。たとえば科学的知識にもとづく種を私は教えられる。しかしそれはときに，直観的理解が難しい。サンゴという種が植物でなく動物である（動物であることがサンゴの本質の一部をなす）と言われても，腑に落ちない。このように直観的な理解が難しいような種の「何であるか」も，権威を持って他者から強制されてくる。

　科学が強制してくる種に限らず，種はそれぞれ独自の起源，歴史を持つ。外国語由来の種などは，文化的伝統を共有しないがゆえに，その直観的理解が難しいものも多い。このようにいろいろな理由で，直観とかけ離れてしまった種がある。こういう種について，フッサールやメルロ＝ポンティにおいて直観が与えていた正当性

の保証は与えられそうにない。フッサールでは「本質直観」が，その「本質」の「本質」としての正当性を保証し，メルロ＝ポンティでは知覚レベルの直観が，そのような種の「経験的本質」をそういうものとして正当化していたのであるが。

　一方，レヴィナスはこの二人とは異なる仕方で種の「何であるか」の正当化の道を示している。その正当性は教える師が保証するのであり，それ以外の正当性の必要はない。自分一人で考えたときは腑に落ちなかったかもしれないが，教えられた「何であるか」を，師への敬意ゆえに納得して受けいれることができる。

　言語が私に世界のあり方――間主観的なあり方――を教える。それが主観的直観レベルで腑に落ちなくても，真なるものとして受容され使用できる。実際にわれわれが使っているような種の「何であるか」のかなりの部分は，主観的直観化を経ていないものなのである。そしてそれを無理やり，「経験的本質」を基準にして，直観化を経ていないという理由で「不完全な理解」，「表面的な理解」と見なすのは誤りである。むしろ別の正当化の源泉を持つものと見なすべきでないか。

4　メルロ＝ポンティとソシュール言語論の関係について

　確かにメルロ＝ポンティも中期の言語論において，ソシュール（Ferdinand de Saussure, 1857–1913）に影響されて言語の恣意性を語っている。そこでは語の差異が種の差異を作り出すということを認めている。語の差異の作り出す恣意的な種が直観化できると限らないから，これは普通に考えれば，直観化できないような種の「何であるか」を――不完全なものとしてではなく――メルロ＝ポンティが認めているかに見える。この言語観は直観化された「何であるか」を範型とする，先に見てきたメルロ＝ポンティの見解と両立しないのではないか。

　さらに事態の理解を難しくするのは，私が先に引用した後期の議論でも，そしてまたソシュール評価以前の時期に著された『知覚の現象学』（1945 年）[6] でも，同様に「経験的本質」の直観化を重要視しているということである。一見，両立しない二つの立場を行き来したかのようなメルロ＝ポンティの態度をどう理解すればよいのだろうか。話を戻すことになるが，この点に言及しないわけにはいかない。

　意外なことに，メルロ＝ポンティは言語レベルと知覚レベルの対立を深刻にとらえてはいない。その証拠に，中期言語論の時期でも，次のような言い方をして

---

6) M. Merleau-Ponty, *Phénoménologie de la perception*, Gallimard, 1945.

いる。「発言（parole）はその最初の瞬間から知覚的明証によって必要とされている。発言は知覚的明証を延長するものであり，知覚的明証に還元されることはない」（PM175/167）[7]。

「経験的本質」についての直観に支えられた，種の「何であるか」があるとしても，知覚レベルのそれと言語レベルのそれに差が生じうることはメルロ＝ポンティも当然認めるだろう。それはもっとも顕著な形では両レベルの世界内の種の外延の差として現れる。言語レベルの分類を彼は，文化ごとに固有の，文化的実存のあり方の反映ととらえるであろう（『知覚の現象学』でそう考えていたように）。言語レベルで知覚的分類の再組織化が生じる。

　メルロ＝ポンティは，その再組織化は「話す主体」にとっての「使用価値」（PM52/57）という主観的な意義によると見なすのであり，それが言語を組織し変革する動因と考えられる。しかじかの分類は言語表現としての使用価値，つまり表現力が高いという理由で採用され，定着する。逆に使用価値が低いなら，廃れたり別のものに置きかえられたりするであろう。これはけっして主体から言語を剥奪することを意味するものではない。逆に表現に関するすべての動因は表現のための使用価値を求める主体に発するものと見なしているのである。表現のための使用価値こそが言語の形式，規則を作る。主体の伝達，表現の意志こそ，言語の組織原理である。「私の言語体系（langue）は，私にとってさまざまなできごとの総体でなく，表現全体の意志の唯一の道具なのである」（PM56/60）。こうしてメルロ＝ポンティは「話し手が持つ，記号を意味にむけてこえる能力」（PM146/142）を重視しようとする。そして，メルロ＝ポンティは「各々の発言の意味する能力を，他の発言の能力から引き出してはならないし――そうすれば循環に陥るであろう――，言語全体の能力から引き出すことさえ許されない」（PM145-146/141）と述べ，言語があたかも自立して差異を作り，意味を作り出すかのような理解を否定する。言語的意味生成の源泉は主体の表現意志である。（実際の会話において発せられることばである）「発言はただ一つの動作だけでこの二つの秩序［記号相互間および意味相互間の偏差の体系］における差異化を生む」（［　］内は佐藤の補足）[8]。

7) PM は M. Merleau-Ponty, *La prose du monde*, Gallimard, 1969. の略号。同書からの引用はこの略号とともに引用頁数を記す。なお，スラッシュの次の数字は邦訳『世界の散文』（みすず書房，1979年）の該当頁数。

8) M. Merleau-Ponty, *Résumés de cours*, Gallimard, 1968. pp. 33-34. 邦訳『言語と自然』（みすず書房，1979年）23頁。

　知覚的分類も言語レベルのそれも，同じ実存の働きである以上，決定的な対立は生じえないはずであろう（決定的な対立を含むようなら，言語使用上問題が生じてしまい，そういう言語的分類は破棄されざるをえないだろう。言語表現上の使用価値が言語的実存の優先事項なのだから）。けっして言語レベルで無から分類が生まれてくるわけではない。知覚も言語表現も実存の働きである以上，文化ごとに異なる分類体系は，それぞれがいわば知覚的分類の「解釈」のいくつかのヴァリエーションであると言えるであろう。——およそこのようにメルロ＝ポンティはとらえていたのではなかろうか。

　確かにソシュールの主張するように，言語のもたらす差異は自然界に必然的基礎を持たないという意味で，「恣意的」な分類だと言える。しかしそれは「恣意的」分類を利用する実存の必然を反映するのであり，その意味では「恣意的」ではない。そしてこの言語レベルの実存の必然は，コミュニケーションにおけることばの使用価値と密接に関連している。さらにコミュニケーションが十分うまく遂行されているとき，私はことばが思想を十全に表現しているという直観を持つ（「私が現に話しているとき，私は確かに何かについて話しているのだが，私が，語られたことを離れて，ものそれ自体に到達しているのだと主張するのは正当である」(PM54/58)）。こういう直観が話す私に，ことばによる分類への確信とその正当性を与えるのである。

　このようにメルロ＝ポンティの思想は，実存を最終的動因と見る点で時期を通じて一貫しているし，一見矛盾しているかに見える彼のソシュール評価も，私の示した解釈でとらえる限り，特に矛盾したものではないと考えられる。そしてここでも直観が真理性を保証すると考えられているのである。

5　直観化できない「何であるか」

　要するに，メルロ＝ポンティでは，実存の直観に支えられた主観的確信が，概念とそれによる分類に正当性を与える。しかしながら第3節で検討したレヴィナスなら，分類と種の「何であるか」に正当性を与えるのは，私のうちに生まれる直観ではないと言うだろう。それは他者なのである。

　他者によって種の「何であるか」に正当性が与えられるというレヴィナスの見解は，正当性の与えられ方においてメルロ＝ポンティやフッサールと異なるだけでない。実は正当性の与えられ方の違いの結果，「何であるか」においても異なりうる（すべての種について必ず異なるというわけでない）。もはやこれはいかなる仕方でも

150

「本質」と呼べない——「経験的本質」を含めてもそう呼べない——ものになりうる。レヴィナス自身はこの違いについて論じているわけではないが，私見では以下に示すような相違が生じうるのである。

　レヴィナスの考えにもとづけば，種の「何であるか」もまた他者から教えられる。以下，レヴィナスを延長して考えていくと，他者から与えられた分類を自ら正しく行い，連続体である自然のなかから当該の種を正しく切り出すためには，フッサールの本質やメルロ゠ポンティ的な直観によるより，次に見るようなより簡便な仕方がある。

　子どもが「ウサギ」ということばを習得したということ，つまり「ウサギ」という種の「何であるか」を習得したということは，どういう基準で判断されるだろうか。ウサギを犬や猫と正しく区別して「ウサギ」と呼べることによるであろう。この識別のために子どもは，ウサギが犬や猫とどういう特徴の有無によって区別されるか，その識別のための特徴——これを「識別特徴」と呼ぼう——を学習し，それを使って識別できれば十分である。ところが，こういう「識別特徴」は「本質」とは（常にではないまでも）異なりうる。長い耳はウサギの「識別特徴」として使えるが，ウサギの「本質」ではない（事故で長い耳を失っただけでウサギでなくなるわけではない）。種の識別例ではないが，個人の識別には顔や声が「識別特徴」として使われるにもかかわらず，顔や声はその個人の本質的な特徴とは認められない。特徴的な声を失ってもその人でなくなるとは思われない。私は個人の「識別特徴」として声を学んでも，その人をその人としている本質的性質を知らないことがある。

　「識別特徴」を使って識別が——日常的実践の範囲内では——間違いなくできるのに，あえてウサギの「本質」——フッサール的「本質」であれ，「経験的本質」であれ——にあたる性質が何か尋ねられるようなことはない。こういう質問は日常の言語実践の枠外のものである。確かに，まれには実践的必要性もないのに，理解を試すために識別させてみることはあるだろう。しかしそのために「本質」について尋ねることまではしない。だからこそ，分かりきったことばでも，その辞書的定義——「本質」に相当する——をわれわれが与えようとすると難しい。仮に本当にフッサール的な「本質」を学んでいるとしたら，辞書的定義を与えることもさほど難しくはないはずである。しかしわれわれは，例は挙げることができても「本質」を示すことは難しい。このことは，実際のわれわれの「何であるか」理解により大きな影響を与えているのは「識別特徴」だということを示しているのではないか。というのも，「識別特徴」による分類は，種に属すものの例は与えうる（具体例をど

の種に属すか分類できる）がフッサールやメルロ＝ポンティの「本質」のようなもの
を与えない分類形態だからである。

　「識別特徴」はフッサール的「本質」を構成する特徴と同じものでもありうるが，
合致するとは限らない。別基準で形成される以上，当然のことである。もちろん，
メルロ＝ポンティの挙げる「経験的本質」とも合致するとは限らない。

　「識別特徴」は私の本質直観において与えられることも，また「経験的本質」とし
て私の直観に与えられることもない。しかし私のなかで直観的自証性を獲得する手
段が失われると，種の「何であるか」は形骸化してしまう危険性はないのか。真理
性をどうして確保するのか。レヴィナスならこのような危険の回避は，「何である
か」を裏付ける直観ではなく，コミュニケーションの場での間主観的有効性によっ
て可能になると考えるわけであろう。実際上間主観的に支障なく使用可能だという
ことにとどまらず，他人からの是認がある。他人による是認はそのことばが正しい
ものだという感触を私に与え，そのことばの妥当性を保証する。また，他者が教え
るということは，うそ偽りではないということを他者が保証していることにもなる
のである。つまり，「識別特徴」が当該の種の「何であるか」でありうるのは，まさ
にそれが他者によって保証されている限りにおいてである。そしてこのことによっ
て，「識別特徴」は十分に裏付けを持つものとなり，フッサールやメルロ＝ポンティ
が想定した，直観——これはあくまで私個人におけるものである——の裏付けを求
める必要はなくなる。

　フッサール，メルロ＝ポンティらの「本質」と並んで，「識別特徴」を，種の「何
であるか」の一つと認めるべきである。確かに「実践」のあり方次第では，フッサー
ル的「本質」なり，「経験的本質」が重要な意味を持つことは十分あるかもしれない。
そのものを十分に知らなければ，私はそれを操って目的を達成できないかもしれな
い。しかしことばのレベルでは，私はこういった典型的実践とは異質の実践を営む
ことがある。間主観的，文化的な実践のなかで，私たちはものを使わず，ものにつ
いて語り合う。教育の場面では，ものについての知識伝達そのものが文化的に意義
のあることとされ，ものを使う実践を教えるためという意図を離れて知識を教える
ことがある。また，ものについて語るとき，その語りが他者と交流し親睦を深める
ための手段であり，ものについての情報伝達が目的でないことも多い。こういう文
化的実践で求められるものの知識は，ものの使用の際に必要とされるそれとは同じ
でない。

　同じ一つの種の「何であるか」も，それが現れる場面に応じて多様なあり方が可

能である。その多様性は，本章で見てきたように，異なるもろもろの源泉を持つことにもとづく。そのどれが優先権を持つというようなものではない。現象学に立つとしても，この私の直観が絶対の源泉とは言えない。このような「何であるか」の多元性の一端が，本章で確認できたと思う。

第9章

ハイデガーと「観念」
西洋形而上学の行方

松本啓二朗

　ハイデガー（Martin Heidegger, 1889-1976）の思索において特徴的なのは，西洋哲学の歴史を全体的に把握しようとする傾向である。彼の主著『存在と時間』（1927年）の主題は，古代ギリシアにおいて現れてはいたもののその後の哲学の歴史においては十分に問われてこなかった「存在の問い」を再び問うことであった。さらに，『存在と時間』以後の思索においてもハイデガーは，西洋哲学の全体を「形而上学」として把握し，それと格闘していくことになった。

　そのようなハイデガーにとって，本書のテーマである「観念」という事柄は，どのようにとらえられ，どのように展開し，どのような射程を持っているのか。本章ではこれを明らかにしていきたい。

　だが，ハイデガーによる「観念」の論じ方にも，『存在と時間』の時期とその後の時期においては，はっきりとした違いが見られる。まずは『存在と時間』の立場を確認しよう。

1　『存在と時間』における世界内存在

　意識の「志向性」に着目し，物自体と現象という二分法を克服する途を拓いた現象学を継承するハイデガーは，『存在と時間』においても，主観と客観を対置させるような認識論的問題設定を採らない。ハイデガーは，「主観」としての人間精神と「客観」としての物体世界という近代の認識論が前提としていた「主観 - 客観 - 関係（Subjekt-Objekt-Beziehung）」（GA2, 79; SZ, 59）[1]を退けて，人間存在のあり方を「現存在（Dasein）」としてとらえ，その根本体制を「世界内存在（In-der-Welt-sein）」として把握する。

　そしてそれにともなって，近代の認識論において用いられてきた語法も，新たに

154

とらえ直されることになる。本書でたびたび言及されてきたように，近代哲学における「観念」に相当するドイツ語は「表象（Vorstellung）」であるが，これもまた「世界内存在」という現存在の存在体制においてとらえ直される。

　まず，精神や心の内部に或るものが現れている（表象されている）ということにおいては，独立した実体としての「主観（精神・心）」の存在が前提されている。近代の認識論においては，表象する「孤立した主観」[2]（GA2, 425; SZ, 321）が前提されているのである。だが，その主観が「われ思う（cogito, Ich denke）」という仕方であるものなら，それは常に「われ～を思う」というように，なにごとかを思惟するものとして存在している。ハイデガーはここに「世界内存在」における「世界という前提」（GA2, 425; SZ, 321）を見出している。つまり，主観はけっして孤立した実体ではなく，――たとえそれが「～を思う」という観想的なあり方であるときであっても――本質的に，世界のなかに存在するものとの関わりのうちにある。それゆえに「世界内存在」の「世界」とは，それ自身が現存在の生きている場を指すのであり，「現存在ではない存在者の規定ではなく，現存在そのものの性格」（GA2, 87; SZ, 64）を意味しているのである。

　そしてハイデガーは，「世界」において日常的な仕方で身近にあるものを「手許存在者（Zuhandenes）」としてとらえる。「手許存在者」とは，理論的な認識の対象として存在する物体ではなく，日常的な生活の場面で使用される「道具」的なものである。そのような「道具」は，世界において単独にあるのではなく，「～のため（Um-zu）」（GA2, 93; SZ, 69）という用途によってつながれた道具立ての連関のなかにある。たとえば，筆入れはペンなどを納めるため，ペンは紙やノートに文字を書き記すため，机はペンやノートを載せて安定させるため，照明器具や窓は手許を明るくするためにあり，個々の道具はそのように連関している。そしてこの道具の連関は，結局のところ，それらの道具を使用する現存在の「～するため（Um-willen）」（GA2, 113; SZ, 84）という目的によって取りまとめられている。たとえば，ペンやノートの連関は，「文章を書くため」という目的によって取りまとめられているのである。

　また，そうした現存在の目的を中心とする道具の連関は，本質的に「公共的な世

） ハイデガー全集からの引用などは，GA という略記のあとに巻数とページ数をつけて示す。Martin Heidegger, *Gesamtausgabe*, Frankfurt am Main: Vittorio Klostermann, 1975-.『存在と時間』については，SZ という略記のあとに単行本のページ数も合わせて示す。*Sein und Zeit*, 10. Auflage, Tübingen: Max Niemeyer, 1963.
2） 引用中の傍点は，原文でのイタリック体を示している。以下同様。

界」（GA2, 95; SZ, 71），つまり他の現存在と共にある世界のなかにある。ペンやノートなどの製品は誰かによって作られたり，誰かから購入されたりしたものであり，そしてなによりも「文章を書く」ということは，誰かに読んでもらうための文章を書くということである。道具の連関は，本質的に「共同世界（Mitwelt）」のうちにある。

こうして他者と共にある世界のなかの道具連関において，現存在は，自己の世界内存在，つまり自己と世界のあり方を理解している。そのようにして理解されているところの，現存在に存在者を出会わせる構造こそが，「有意義性（Bedeutsamkeit）」（GA2, 116f.; SZ, 87）と名づけられる世界の構造である。

この「有意義性」としての世界の構造は，「手許存在者」を可能にしている地平として働いているが，日常的な道具使用の場面では背景に退いている。それが現れてくるのは，そうした日常的な道具使用が不可能になるようなとき——たとえば，道具が壊れて使えなくなったり，あるいは，必要な道具が手許に見つからなかったりするとき——である。そのときには，「〜のため」という道具の用途が阻まれるとともに，その道具が属する道具連関の全体が表立ってくる（GA2, 98ff.; SZ, 73ff.）。

そしてそのように道具連関の全体が示されてくるとき，日常的な場面では控えめで目立たなかった「手許存在者」が，前に立てられて眺められ（表象され），注視の対象になってくる。このように表象されて注視されるものは，もはや「手許存在者」ではなく，「眼前存在者（Vorhandenes）」と呼ばれるものである。ハイデガーは，こうした「眼前存在者」こそが，西洋近代の認識論において「思惟する主観」とセットになった「表象された対象」であり，それは現存在の側の理論的観想的態度とともに成立してくるものだと考える。「デカルトが延長（extensio）ということでもって存在論的原理的にとらえようとした存在者とは，むしろ，世界の内部で身近に手許的に存在している存在者を通過することにおいてはじめて発見されうるような存在者なのである」（GA2, 127; SZ, 95）。

こうして『存在と時間』の「世界内存在」という構想のもとでは，表象の対象としての「眼前存在者」は日常的な道具使用における「手許存在者」からの派生としてとらえられるのであるが，注意しなければならないのは，その派生においては，「実践」が「理論・観想」へと転化して消え去るわけではない，ということである。ハイデガーは言う。「事物をどれだけまじまじと「知覚」し「表象」しつづけても，道具の不具合というようなことを発見することはできない」（GA2, 469; SZ, 354f.）。つまり，「手許存在者」が眺められ，注視の対象，すなわち「眼前存在者」になるのは，

あくまでも，不具合が生じたために道具の使用が一時中断されて，その道具を改めて確かめる場合においてであり，道具使用の態度は消滅したのではなく，変更されただけなのである。われわれが「理論」的な観察によって事物を表象し眺めるのは，「出会われてくる手許存在者を「新たに」眺める，つまり，眼前存在者として眺める」（GA2, 477; SZ, 361）ことによるのであり，その場合現存在は，依然として，道具が使われる公共的な道具連関の全体性のなかにいるのである。

　以上のように，「主観－客観－関係」にもとづく近代の認識論の理論的観想的な枠組みを拒絶し，ある意味で「プラグマティズム的」³⁾な議論を展開するハイデガーではあるが，『存在と時間』においては，「観念論的」な問題設定そのものが全面的に否定されているわけではないことに注意しておこう。それを示しているのは，「実在性の問題」に関連して「実在論」と比較しながら述べられた，「観念論」に対する次のような言及である。

　　実在論に対して観念論は，原理的な優位をもっている。結果としてわれわれに対立し支持できないものであるにせよ，自らを「心理学的」観念論と誤解していない場合には，そうである。観念論が，存在と実在性は「意識において」のみあると強調するなら，そこには，存在は存在者によって説明されえないということの理解が表現されている。ところが，存在理解そのものが存在論的に何を意味しているのか，それがいかにして可能であるのか，そしてそれが現存在の存在体制に属しているということ，これらが解明されずにいる限り，観念論は実在性の解釈を虚しく構築することになるのである。（GA2, 275; SZ, 207）

　　観念論という呼称が，存在はけっして存在者によって説明されえず，いかなる存在者にとってもそのつどすでに「超越的なもの」であるという理解を意味するものであるなら，観念論のなかにこそ，哲学的な問題系の唯一の正当な可能性がある。……しかし，観念論ということが，すべての存在者を主観や意識へ

---

3) ハイデガー自身『存在と時間』において「プラグマ」というギリシア語に言及し，それを「道具」と言い換えている（GA2, 92; SZ, 68）。『存在と時間』をプラグマティズム的な視点から解釈する傾向の代表として以下のものがある。Hubert L. Dreyfus, *Being-in-the-World: A Commentary on Heidegger's Being and Time, Division I*, The MIT Press, 1991. ヒューバート・L・ドレイファス，『世界内存在――『存在と時間』における日常性の解釈学』，門脇俊介／榊原哲也／貫成人／森一郎／轟孝夫訳，産業図書，2000年。

と還元することを意味するなら，……その観念論は，最も粗雑な実在論に劣らず方法的に素朴である。(GA2, 275f.; SZ, 208)

　つまり，『存在と時間』のハイデガーは，近代認識論的な枠組みにもとづいてすべての存在者を「主観」へと還元するような「観念論」を拒絶してはいるものの，「観念論」自体には，むしろ，存在者とは異なる存在への眼差しがあると認め，それゆえに「存在の問い」のための哲学的な可能性を見出しているのである。

2　近代の学とデカルトの「観念」

　『存在と時間』のハイデガーは，「主観」と「観念（表象）」を軸とする近代認識論を批判しながらも，「観念論」的な議論を全面的に拒絶するのではなく，むしろそれに思索の可能性すらも見出していた。ところが，『存在と時間』以降のハイデガーにおいては，それまでとは次元の違った仕方で「観念（表象）」が批判されていくことになる。

　ハイデガーは，1938 年にフライブルクの芸術学・自然研究・医学協会において「形而上学による近代的世界像の基礎づけ」という講演を行い[4]，そのなかで「近代の学」の本質を究明している。ハイデガーによれば，「近代の学」の基盤を築いたのはデカルト（René Descartes, 1596–1650）である（GA5, 87）。では，デカルトがどのようにして「近代の学」の性質を決定づけたのか。いわゆる「ニーチェ講義」の一つ，1940 年の講義「ヨーロッパのニヒリズム」に見られるデカルト解釈も参照しながら，ハイデガーの解釈を見てみよう（デカルトの「観念説」については第1章も参照されたい）。

　ハイデガーによれば，デカルトが確実な原理をそこに見出したところの「思惟すること（cogitare）」とは，「前に立てること（Vor-stellen）」であり，前に立てられるあらゆる存在者は，もはやそれ自身で存立するのではなく，全体として「表象（前に立てること）においてはじめて向かい合って立てられたもの，つまり，対して立っているもの（対象）（das Gengen-ständige）」（GA5, 108）という統一性へと追い立てられるものとなる。cogitare（思惟する）という語は，「いっしょに」という意味の接

---

4) この講演は，1950 年に刊行された単行本『杣径』に収められる際に，「世界像の時代」と改題された。『杣径』には，講演で述べられなかった詳細な「補遺」も収められている。

頭辞 co と「追い立てる」という意味の動詞 agitare との合成語（coagitare）であるが，ハイデガーはこの語源にまで遡って，「表象すること（前に立てること）は，いっしょに追い立てること（coagitatio）である」（GA5, 108）と言う。

また，この「前に立てること」としての「思惟すること」は，「イデア」を精神・心のうちに据え直したものでもある。ハイデガーは，デカルトが「思惟すること（cogitare）」の代わりに「知覚表象すること（percipere）」という語を用いていることに着目し[5]，そこに古代ギリシアの「イデア」とのつながりを見出している。「知覚表象すること（percipere）」という語は，「〜を通して」という意味の接頭辞 per と「捕える」という意味の動詞 capere の合成語であり，その根本において「捕捉する」「自らの前に立て，自らに引き渡す」という意味を持っている。つまり，「知覚表象すること」としての「思惟すること」とは，精神自らのうちに「見られうる（Sichtbar）」ように捕捉することであり，それゆえに「知覚表象（perceptio）」は「観念（idea）」と言い換えられるのである（GA5, 108; GA6.2, 133）。

そしてそのような「前に立てる」という働きによって，さらに，人間が「主観」になるという事態がもたらされる。「前に立てる」という働きは，たんに存在者を対象化し，対象に関わるだけではなく，本質的にその働き自身にも関わる自己関係性を有している。そのことをハイデガーは，「私は思惟する（cogito）」や「再現前化（repraesentatio）」というデカルトの言葉づかいに着目することによって考察している。

ハイデガーが強調するのは，「私は思惟する」ということにおいては，表象する人間が，表象される対象的なものとともに確保されて，いつもいっしょに表象されているということである。「人間は，すべての「前に立てること」を「前に立てる者」として，したがって表象されていることすべての領域，その確実性と真理の領域として，確保されているということ，すなわちいまや存在しているということを，確信している」（GA5, 109）[6]のである。それゆえ，デカルトの「私は思惟する（ego cogito）」ということはすべて「私が思惟するということを私は思惟する（cogito *me*

5）ハイデガーはデカルトの著作の当該箇所を明示していないが，たとえば以下を参照。René Descartes, *Meditationes de prima philosophia. Méditations métaphysiques*, Texte latin et traduction du Duc de Luynes, Paris: J. Vrin, 1978, A. T., VII, p. 36, 43, 44, 48, 68.

6）ハイデガーはこれを「根本確信性（Grundgewißheit）」と呼び，ここには，キリスト教的な救済の確実性に代わって人間自身によって定立された「確実性としての真理」という真理の近代的な形態が現れているとする（GA5, 87; GA6.2, 125f.）。

cogitare)」ということであり，表象はすべて「「自己」- 表象（»Sich«-vorstellen）」なのである（GA6.2, 135）。

　また，表象する（前に立てる）ことによって人間自身は，存在者がそこにおいて前に立てられる「舞台（Szene）」として据えられることになる。人間は，そこにおいて存在者が前に立てられ「現前化（präsentieren）」する場となり，「対して立っているもの」という意味での存在者を「再現前化（代表）する者（Repräsentant）」となるのである（GA5, 91）[7]。

　こうしてデカルトの「私は思惟する」ということのうちには，「前に立てること」によって人間自身があらゆる存在者を対象とし，そうして確実な真理を確保する，「下に置かれたもの」としての「基体（sub-iectum）」，すなわち，「主観（Subjekt）」となることが存している，とハイデガーは考える（GA6.2, 137, 143f.）。そして人間がそのような「主観」となること，それが近代における「決定的な事柄」だとされるのである（GA5, 88）。

　さらに，この「基体」としての「主観」が登場することによって，「主観」によって前に立てられる「像（Bild）」としての「世界」が成立する。その「世界」とは，「前に立てつつこちらへと立てる人間によって立てられることによってはじめて存在し，またその限りにおいてのみ存在する」ような「全体としての存在者」である（GA5, 89）。「主観」とそれによって立てられる「像」としての「世界」という「近代の学」の基本構図は，こうして成立するのである。

　一つ注意しておきたいのは，ここで述べられている「近代の学」が，自然を対象とするものだけではないということである。ハイデガーは，この「近代の学」のうちに歴史的諸科学を含めて考えている。歴史的諸科学は，過ぎ去った過去の事実を対象とし，それを比較し，考察し，史料批判しながら説明しようとする。その限りで，「歴史学的諸科学の方法は，自然科学と同様に，恒常的なものを前に立て（表象

---

7) ハイデガーはさらに，通常は「良心」と訳される「いっしょに知っていること（conscientia）」や，「知覚表象（perceptio）」というデカルトの言葉においても，自己関係性——前に立てる表象の働きにおいてそれ自身がともに立てられるという自己関係性——を見ている。すなわち，思惟する「私」は，対して立っているものを，表象する人間とともに表象しつついっしょに立てるような，「いっしょに知っていること（conscientia）」のうちにあるとされる（GA5, 110）。また，「知覚表象（perceptio）」については，その語には「知覚表象すること（percipere）」と「知覚表象されたもの（perceptum）」という二重の意味があることを指摘している（GA6.2, 133）。つまり，表象において「捕捉されたもの」はつねに自らの前にもたらされたものとしてあり，いわばそれらの「舞台」がその事柄自身のうちに含まれているのである。

し），歴史を対象にすることを目指している」（GA5, 82）。「自然」と「歴史」という「近代の学」の二つの領域は，ともに「主観」と「像としての世界」という基本構図にもとづいたものだと考えられるのである。

　以上のようにハイデガーは，デカルトの思索のなかに，「主観」と「像としての世界」という基本構図を持つ「近代の学」の成立を見ており，そこでは「前に立てること」としてとらえられた「表象」が中心的な役割を果たしている。その「表象」がまた「観念」と結びついたものであることを考えるならば，「近代の学」の成立には「観念」ということが極めて重要な意味を持っていたと言えるだろう。

3　「イデア」と形而上学

　前節では，「前に立てること」としての「表象」を軸にした主観と世界のあり方が「近代の学」を決定づけていることが示されたが，その「デカルトの形而上学的な根本の立場は，歴史的には，プラトン的アリストテレス的な形而上学によってもたらされている」（GA5, 98），とハイデガーは言う。このことは，ハイデガーの視野が，近代にとどまらず，遠く古代ギリシア以来の西洋の形而上学の歴史全体を視野に収めているということを示している。では，近代の認識論における「表象・観念」と古代ギリシアの形而上学とは，どのように結びつくのだろうか。

　近代の認識論で用いられる「観念（idea）」という語がプラトン（Platōn, 427-347BC）の「イデア」に由来する語であることは，本書で何度も触れられてきたし，ハイデガーも言及していたことである。しかしながら，たんに語のうえのつながりだけでなく，ハイデガーはそこに西洋形而上学の思索の本質を見ていこうとしている。それはどういうことか。

　ハイデガーは，「ニーチェ講義」において，「前に立てること（表象）」としての「観念」とプラトンの「イデア」との関係について言及し，「前に立てること（表象）」を，「広い意味で自らを視野にもたらすこと，すなわち，見ること（ἰδεῖν）」（GA6.1, 51）であるとみなしている。そして，プラトンが『国家』において述べている道具製作の場面から[8]，「イデア」の特徴——そして「前に立てること（表象）」との関連——を述べている。すなわち，家具を作る職人は，たとえば机を作る際には，机の「イデア」に眼差しを向けながら——それを前に立て表象しながら——製作する。

　8）プラトン『国家』第10巻第1章，第2章を参照。Platōn, *Politeia*, 596b-597a.

職人は「イデア」を見やりながら，その「見相（Aussehen）」を「こちらへと立てる（her-stellen）」のである（GA6.1, 176ff.）。

　しかし職人は，そのように「イデア」に従って道具を製作するけれども，「イデア」そのものを製作することはできない。「イデアは職人よりも前に位置づけられ，職人はイデアよりも後に位置づけられている」（GA6.1, 177）。ここに「イデア」の際立った性格がある。すなわち，職人によって作られた道具が存在するのは，「イデア」が職人によって見られ，それが「こちらへと立てられる」からであり，その意味で「イデア」は製作されたものを現前させている当のもの，つまり，現前するものの現前性を与え，存在させているものである。「こちらへと立てる者（Her-steller）」としての職人は，彼を導いている「イデア」の境域のうちにあり，職人とは，「或るものの見相を感性的な可視性という現前性へと動かす者」にすぎないのである（GA6.1, 178）。近代的な「表象・観念」としての「イデア」は主観の意識のうちにあるものだが，職人の製作を導く「イデア」は存在者そのものに対する名称である。「いかなる個別的特殊なものも，それぞれそのイデアにおいてその現前性，存立，したがって存在を有するのだから，イデアこそが，「存在」を授けるものとして，本来的に存在するもの，真に存在するもの（ὄντως ὄν）なのである」（GA6.2, 194）。

　「前に立てること」と「イデア」との関係はこのように考えられるのだが，ハイデガーによれば，ここでとらえられた「イデア」において，すなわち，真の存在をイデアとするプラトンの解釈とともに，西洋の「形而上学」が本格的に始まる。

　まず，先の職人による製作の場面からも分かるように，「イデア」は職人の製作の前に「見相」として存在している。「「イデア」は，ピュシスにしたがってより先のもの（πρότερον τῇ φύσει）[9]，つまり，現前として前からのもの（das Vor-herige）である」（GA6.2, 194）。ハイデガーは，プラトンが真の存在をイデアと解釈することによってはじめて，存在が「アプリオリ」という性格を有することになったと言う。そして「アプリオリ」であるがゆえに，「イデア」としての存在は，「ピュシス（自然）的に存在するもの（φύσει ὄντα）」を超え出たものとなる。したがって，「イデア」としての存在を把握する学は，「自然に関することを超え（μετὰ τὰ φυσικά）」なければならない。すなわち，「形而上学（Meta-physik）」であらざるをえないとされ

---

9)「ピュシスにしたがって（τῇ φύσει）」とは，存在者を把握する時間的な順序としての「われわれにとって（πρὸς ἡμᾶς）」に対して，存在者が存在することの順序（いわば存在論的な順序）を示している（GA6.2, 193）。また，これについては以下を参照。アリストテレス『分析論後書』第1巻第2章。Aristotelēs, *Analytica posteriora*, 71b35–72a1.

るのである（GA6.2, 196）[10]。

　そしてこのアプリオリ性によって特徴づけられる「形而上学」は、「イデア」のうちに真の存在が求められるという意味において、「観念（イデア）論（Idealismus）」であると言われる。こうしてハイデガーによれば、「形而上学、観念論、プラトニズムは、本質において同じことを意味する」（GA6.2, 196）とされるのである。

　この「形而上学＝観念論＝プラトニズム」の特徴についてハイデガーは、1930年代半ばから後年に至るまでさまざまな著作において言及しているが、ここではその概略を示すことにしたい。

　まず、ハイデガーは、西洋形而上学の特徴を、「存在するものとは何か（τί τὸ ὄν）」という問いに導かれるものだと解する。この問いは、存在するものをまさに「存在するものとして（ᾗ ὄν）」全体的に問う問いであり[11]、そのようにして存在するものすべての「存在者性（Seiendheit）」を問う問いだとされる（GA6.1, 406ff.; GA6.2, 231f.）。

　そして、形而上学は、その存在者性を「根拠（ἀρχή, Grund）」として把握するような思索である。存在するものをそのものとして全体的に問う問いは、存在するものを超えて問い、存在するものすべてを支配し規定するものを「根拠」として把握する。その「根拠」によって、すべての存在するものは、根拠づけられることになるのである（GA6.1, 405ff., 429; GA11, 65ff.; GA14, 69f.）。このような特徴をもつ形而上学的な思索を、ハイデガーは「存在神論（Onto-Theo-Logie）」と名づけている（GA6.2, 313f.; GA11, 63）。

　さらに、ハイデガーの形而上学解釈において極めて特徴的なのは、西洋の形而上学そのものが「存在の歴史（存在史）（Seinsgeschichte）」の思索とともに考えられていることである。西洋の形而上学において存在は、たとえば、「ピュシス、ロゴス、一者、イデア、エネルゲイア、実体性、客観性、主観性、意志、力への意志、意志への意志というさまざまな歴史運命的（geschicklich）な刻印において」（GA11, 73）与えられる、とハイデガーは言う。存在するものの全体的な「存在者性」として問われた「存在」は、形而上学の歴史においてそのつどさまざまな仕方で自らを送り遣わして

---

10) 周知のように、『形而上学』という書名は、もともと、「自然に関すること（『自然学』）の後のもの（τὰ μετὰ τὰ φυσικά）」というアリストテレス（Aristoteles, 384-322BC）の著作の配列のうえで便宜的に付けられた名称が由来となっているが、ハイデガーはそのことに言及しつつも（GA3, 6f.; GA9, 118）、ここでは事柄に即した解釈を行っている。

11) とりわけ、アリストテレス『形而上学』第4巻第1章を参照。Aristotelēs, *Metaphysica*, 1003a20-32.

くる（schicken）とされるのである。それが「存在の歴史的運命（Seinsgeschick）」であり，われわれが前節で見た「近代の学」もまた，西洋形而上学の近代的な形態として考えられるのである。

　しかし，ハイデガーは，「存在それ自身は，形而上学そのものにおいて，思索されないままにある」（GA6.2, 319）と言う。「存在の歴史的運命」において存在は自らを送り遣わしてくるのだが，それは存在が自らを隠すという仕方においてである。形而上学の歴史には，「存在に見捨てられてあること（Seinsverlassenheit）」（GA6.2, 320）が属しているとされるのである。

　1930年代半ば以降のハイデガーは，このようにして「形而上学＝観念論＝プラトニズム」を，その歴史から全体的に批判することになる。それによって『存在と時間』において好意的に見られていた「観念論」に対する態度は一変し，「観念論」そのものを，歴史的に生起する西洋形而上学の一形態とみなすようになったのである。

4　形而上学の完成としての「ゲシュテル」，そしてその行方

　存在史的な思索にもとづいてとらえられた西洋形而上学の現代における現れ方は，どのように考えられるのか。それを最後に見ておきたい。

　そこでは，第2節で見たような近代的な「表象＝前に立てること」とは異なった仕方で「立てること」が考えられている。それはどういうものか。前節で見たように，ハイデガーは，プラトンの「イデア」を解釈する際にも，職人による道具の「製作」「作ること」を中心に考えていたが，現代までの広い射程のなかで「形而上学＝観念論」の決定的な指標を「作ることの支配（Machenschaft）」（GA6.2, 18）[12]に見ている。

　この事態をハイデガーは，ギリシア語の「テクネー（τέχνη）」という言葉とともに考えている。「テクネー」とは「技術（Technik）」の語源となる言葉であるが，ハ

---

12) Machenschaft という語は，『哲学への寄与論稿』（1936-38年）においても多用され，「工作機構」と訳されることも多いが，ここでは「作ること（Machen）」や「製作すること（Herstellen）」との連関を考慮して，「作ることの支配」と訳す。「ニーチェ講義」では，「作ることの支配そのものは，作られること（Machsamkeit）へと整えられる存在者性の本質を意味しており，その作られることにおいてすべてのものは，作りうるもの（machbar）として，作りうること（Machbarkeit）へとあらかじめ取り決められて（ausgemacht）いる」と言われ，『哲学への寄与論稿』では，「作ること（Machen）と作りもの（Gemächt）の支配としての Machenschaft」（GA65, 131）と言われていることも参照。

イデガーは、「テクネー」を今日的な意味での技術、つまり科学的な基礎理論を実践の領域において活用する方法や手段といったこととしては理解しない。古代ギリシア人に経験された「テクネー」とは、手仕事的な道具の製作や芸術品の制作を意味するだけでなく、それ自身が一つの知のあり方であり、さらにそれは、「こちらへと前にもたらす（Hervorbringen）」という存在するものの現れ方（「存在の真理」）に関わるものだとされる（GA5, 46f.; GA6.1, 79f.）。

　そしてハイデガーは、1953 年の講演「技術への問い」において、この存在するものの現れ方としての「テクネー」から、現代技術の本質を究明している。そこで再び着目されるのが、すでにわれわれが近代の形而上学やプラトンの形而上学において見てきた「立てる（stellen）」という働きであり、しかも「挑発する（Herausfordern）」という仕方で働くそれである。この働きは、自然に対してエネルギーを要求するように迫る。たとえば、現代技術によって支配されている発電所においては、自然物（石油、天然ガス、ウラン、太陽光、河川、風など）がエネルギー源として調達（stellen）される。かつては自然の恵みに委ねられていた農耕も、現代技術のもとでは、土壌を耕作（bestellen）し、食糧を調達するための機械化された食品工業になっている。古くより人間の住む場を豊かにしてきた河川もまた、電力を作り出す（herstellen）ための水力エネルギーとして用立て（bestellen）られる。あるいは、観光産業やレジャー産業の資源として用立てられる。代々にわたって森の樹々を見守っていた山守が、植林産業によって用立てられて雇われ、樹木は紙類の原料として調達され、その原料はまた製紙工場へと送り届け（zustellen）られる。紙類はさらに、新聞や雑誌などの情報媒体となり、それによって社会を動かす世論が作られる。このように現代技術が支配する状況においては、「挑発」という仕方でのさまざまな「立てる」という働きが、世界のあらゆる場所にまで隈なく行き渡っている。

　このさまざまな「立てる」という働きにおいて立てられるものは、用立ての「在庫」としてのみある。つまり、それが存立しうるのは、すぐに使えるように手許にあり、そうして挑発的に用立てられる限りにおいてのみである。そのようなあり方をするものをハイデガーは「用象（Bestand）」と名づけている（GA7, 17）。このものは、近代の形而上学において主観によって前に立てられた（表象された）「対象（Gegenstand）」とは異なり、ひたすら「立てる」という働きの流動のなかにのみありうるものである。つまり、「用象」は、ただ用立てられるために手許に「在庫」としてあり、しかもそれ自体がさらなる用立てのためにある。その意味でそれは、本来有していた固有性を失って極めて画一的均一的な性格を持ち、用立ての連関のな

かで同類のものと取り換え可能なものとなっている。そのようなものとしてそれは，近代の形而上学が「対象」に付与していた客観性や実体としての自立性を，もはや喪失している。

　そしてそこにおいて人間は，「用立てること」を主体的な行為としてなしているのではない。人間はもはや，「立てる」という働きを支配してはいないのである。「立てる」という働きは，立てられるものへと一方的に関わるのではなく，その働きをなす主体にも還帰し，自己関係的に働く。それゆえ，「対象」を「前に立てて（表象して）」いた実体としての「主観」も，この「立てる」という働きの円環のなかに巻き込まれ，「用象」というあり方をしているとされる。人間もまた，自然を挑発する「立てること」の連関のなかにいるのである。それは，人間自身が「立てる」という働きの連関のなかで，いわば「人的資源」「人材」として[13]，常に用立ての「在庫」としてあり，「主観」が有していたような実体性を失い，他の人間と取り換え可能な，固有性のない画一的なあり方をしている，ということを意味している。

　このような「立てること」の全体的な動向を，ハイデガーは「ゲシュテル（Gestell）」と名づける。この語は通常「台架，骨組み」を意味するが，ハイデガーはこの語をそのような意味では用いていない。ge という前つづりは，たとえば，山々（Berge）を集めるものが山並み（Gebirg）であり，さまざまな気分（zumute）を集めるものが心情（Gemüt）であるように，或るものを集め統合している全体を意味する際に用いられるが，ハイデガーはこれらに倣って，先に述べたさまざまな「立てる（stellen）」という働きを集めるものとしてこの語を使っている（GA7, 20; GA11, 44）。つまり，「挑発」という仕方で自然を用立て，調達し，送り届けていく，その自己関係的で連続的な働きの全体が「ゲシュテル」という語で言い表されているのである。

　こうした通常の語法とは異なる「ゲシュテル」という語の使い方に関連して，ハ

13)　「技術への問い」においては，「観光」や「レジャー産業」（GA7, 17），「世論形成」（GA7, 19），「人的資源」（GA7, 18）などについて触れられてはいるものの，自然に対する「挑発」の議論が主であり，技術の本質の社会的な領域への広がりについてはあまり言及されていない。また，1957年の講演「形而上学の存在神論的体制」においても，現代技術の本質によって特徴づけられているものとして「官僚機構化」が挙げられているが（GA11, 60），社会的な領域における技術の本質の支配の仕方が詳細には論じられていない。しかしながら，「ゲシュテル」という語自身は，軍役のための「召集（Gestellung）」と関連しており（GA79, 27），それゆえに，社会的な領域を含めた現代世界の全体的動向を「ゲシュテル」によって刻印されたものとして解釈することも可能だろう。

イデガーは，プラトンによる「エイドス（εἶδος）」や「イデア（ἰδέα）」という語の用法に言及している（GA7, 21）。「エイドス」や「イデア」という語は，日常的な用法としては，感性的な仕方で目に見えるものの姿，形を意味しているが，プラトンはその語をまったく存在論的な意味で使っている。つまり，感性的には接近不可能な，存在するものの存在者性，すなわち本質的な真の存在を意味する語として用いている。ハイデガーは，思索者は「最高の事柄を思索する必要がある場合には」，そのような通常の語法とは異なる奇妙な言葉づかいをしなければならないと言う（GA7, 20）。それゆえ，現代技術の本質を言い表す「ゲシュテル」という語も，そのような奇妙な言葉として理解されるべきであろう[14]。

そして，「イデア」が存在するもの全体のあり方を示す形而上学的な言葉であるように，「ゲシュテル」もまた形而上学の本質を示す言葉である。「ゲシュテル」という現代技術の本質によって支配されている世界は，「完成した形而上学」（GA7, 78f.）の世界だとされるのである。「ゲシュテル」とは，個々の人間にはいかんともしがたい存在するものの現れ方の次元──ハイデガー的に言えば「存在の真理」の次元──での出来事なのである。

以上で見てきたように，古代ギリシアにおいてプラトンの「イデアリズム（観念論）」として現れた西洋の形而上学は，「主観」と「表象・観念」を基本構図とする近代の形而上学を経て，「ゲシュテル」という現代技術の支配によってその完成に至るとされる。そしてその議論の中心には，「イデア」を見ながら存在者を「こちらへと立てる」ということ，「主観」が表象・観念を「前に立てる」ということ，自然を挑発する技術のさまざまな「立てること」の集合としての「ゲシュテル」というようなことがある。したがって，「立てること」と結びついた「イデア・観念」こそが，ハイデガーによる形而上学の歴史の把握の要になっている，と言えるのである。

だが，このような西洋の形而上学は，いったいどこへ向かっていくのだろうか。ハイデガーは，講演「技術への問い」の終わりに，ヘルダーリーンの詩「パトモス」のなかに出てくる「救うもの（das Rettende）」に触れている（GA7, 29）。形而上学の完成としての「ゲシュテル」，すなわち，あらゆるものが「用象」となり，人間すらも用立ての連関全体のなかでその固有性を喪失した，存在から見捨てられた「危

---

14) Ge-stell の訳語としては，「集－立」「仕組み」「組み立て」「総かり立て体制」などとそれぞれに工夫されたものがあるが，「イデア」が形而上学的な根本語であるがゆえに「見えた姿，形」や「実相」という訳語ではなく，「イデア」と言われることが通例であることを考慮して，ここでは敢えて「ゲシュテル」という表記にしておく。

機（Gefahr）」において，西洋形而上学とは別の道への兆しのようなものが語られているのである。「ゲシュテル」を語るハイデガーは，他方で，「四方界（Geviert）」という人間と物の固有性が回復される世界を語っており（GA7, 179ff.），そこに存在忘却からの「救い」の可能性が見出されていると言えるのかもしれない。

　しかしながら，そこには，たとえばヘーゲルの歴史哲学のように，普遍的な発展の論理があるわけではない。ハイデガーの描き出す形而上学の歴史は，一方向に向かっていく「普遍的な歴史」ではない。「救い」のようなものが語られてはいるが，〈存在から見捨てられた形而上学の歴史が極まることによって，必然的に歴史の転回があり，「別の原初」が開始される〉というように短絡的に考えられるものではないのである。形而上学のそれぞれの「エポック（Epoche）」は，ハイデガーによれば，存在が「それ自身に留まり（Ansichhalten）」，自らを露わにしない，まさにそのことによって示されてくる存在の隠れ（存在の真理）の局面である（GA6.2, 347）。これは，形而上学の歴史が「存在の歴史的運命」，すなわち，存在自身が自らを送り遣わしてくることに依っている，ということである。それゆえに，「ゲシュテル」という危機のなかにある人間も，個々人の努力や態度によって，その危機を抜け出すことはできない。ハイデガーによれば，われわれにできることは，形而上学の歴史の根源へと遡って追思索（Andenken）し，存在の言葉を聴くことだけである。

　翻って考えてみれば，本章で概観してきたハイデガーの形而上学理解もまた，それ自身，ハイデガーが存在の思索を遂行し，そこで何かを聴こうとした，多様な解釈の営みから生じてきたものだと言えるだろう。したがって，「ゲシュテル」へと至る形而上学の歴史の記述も，さまざまな思索の道のなかで示された，西洋形而上

15）実際にハイデガーは，たとえば1955/56年講義「根拠の命題」では，現代技術の本質に言及しながらも，「ゲシュテル」という事柄にはまったく触れずに，「何ものも根拠なしには存在しない」という「根拠の命題」を軸にして西洋形而上学全体の動向を論じている（GA10, 30f., 44ff., 177ff.）。これは，「立てること」を中心とした形而上学の歴史の解釈が唯一的なものではなく，解釈の一つの試み——だがもちろん極めて示唆に富んだ試み——であることを示しているように思われる。

16）たとえば，「持続可能な開発」などによって現在進行中の「グローバル化」という現象を「ゲシュテル」と重ね合わせて考えることもできるだろう。以下の文献に収められた各論には，「ゲシュテル」を「グローバル化」として読み解く試みが見られる。Antonio Cerella / Louiza Odysseos（Eds.）, *Heidegger and the Global Age*, London / New York: Rowman & Littlefield International, 2017. また，以下の文献では，「ゲシュテル」の前形態とも言える「作ることの支配（Machenschaft）」のうちに，「グローバル化」に対する批判を見出している。Silvio Vietta, „*Etwas rast um den Erdball …*“. *Martin Heidegger: Ambivalente Existenz und Globalisierungskritik*, Paderborn: Wilhelm Fink, 2015, S. 164–169.

学の一つの解釈として受け取るべきであって，それはけっして唯一的な歴史ではない [15]。それゆえに，「ゲシュテル」という事柄も，ハイデガーの議論の内部にとどまらず，さまざまな解釈の可能性に開かれていると言える。たとえば，ハイデガーの議論においては，「ゲシュテル」の考察が自然の挑発ということに限定されている嫌いがあるが，それを現代の社会的な領域へと広げて解釈し直すことも可能であろう [16]。そして，そのような再解釈の試みも，あるいはまた，ハイデガーとは別の仕方での西洋哲学全体のとらえ直しの試みも，それが実り豊かなものとなりうるかどうかは，われわれ自身が形而上学の根源へと遡って思索することにかかっているのである。

索引

執筆者紹介（五十音順，*は編者）

安部 浩（あべ ひろし）
1971 年生。京都大学大学院人間・環境学研究科教授。
主要業績：
【共編著】*Environmental Philosophy and East Asia*
(Routledge, 2022)
【共編著】*Intercultural Philosophy and Justice between Generations*（Cambridge University Press, Forthcoming）
担当：第 6 章

内田浩明（うちだ ひろあき）
1970 年生。大阪工業大学工学部教授。
主要業績：
『カントの自我論』（京都大学学術出版会，2005 年）
「批判と体系」（『日本カント研究』，2021 年）
担当：第 5 章

神野慧一郎（かみの けいいちろう）
1932 年生。大阪市立大学名誉教授。
主要業績：
『ヒューム研究』（ミネルヴァ書房，1984 年）
『イデアの哲学史』（ミネルヴァ書房，2011 年）
担当：第 4 章

佐藤義之*（さとう よしゆき）
1962 年生。京都大学大学院人間・環境学研究科教授。
主要業績：
『態勢の哲学』（勁草書房，2014 年）
『「心の哲学」批判序説』（講談社選書メチエ，2020 年）
担当：まえがき，第 8 章

戸田剛文（とだ たけふみ）
1973 年生。京都大学大学院人間・環境学研究科教授。
主要業績：
『世界について』（岩波ジュニア新書，2011 年）
【翻訳】トマス・リード『人間の知的能力に関する試論 上・下』（岩波文庫，2022-2023 年）
担当：第 3 章

冨田恭彦（とみだ やすひこ）
1952 年生。京都大学名誉教授。
主要業績：
"Locke and Berkeley on Abstract Ideas"
(*Philosophia*, 2022)
"Kant's Categories of Quantity and Quality, Reconsidered"（*Philosophia*, 2022）
担当：第 2 章

松枝啓至*（まつえ けいし）
1978 年生。大阪工業大学・龍谷大学非常勤講師など。
主要業績：
『デカルトの方法』（京都大学学術出版会，2011 年）
『懐疑主義』（京都大学学術出版会，2016 年）
担当：まえがき，序章，第 1 章

松本啓二朗（まつもと けいじろう）
1968 年生。大阪教育大学教育学部教授。
主要業績：
【共編著】『哲学するのになぜ哲学史を学ぶのか』（京都大学学術出版会，2012 年）
【共編著】『ハイデガー事典』（昭和堂，2021 年）
担当：第 9 章

渡邉浩一*（わたなべ こういち）
1981 年生。福井県立大学学術教養センター准教授。
主要業績：
『『純粋理性批判』の方法と原理』（京都大学学術出版会，2012 年）
「魂と認識論」（『日本カント研究』，2020 年）
担当：まえがき，序章，第 7 章

観念説と観念論
イデアの近代哲学史

2023 年 3 月 20 日　　初版第 1 刷発行

編　　者　　佐藤義之・松枝啓至・渡邉浩一
著　　者　　安部 浩・内田浩明・神野慧一郎・
　　　　　　戸田剛文・冨田恭彦・松本啓二朗
発行者　　中西　良
発行所　　株式会社ナカニシヤ出版
　　　　☎ 606-8161　京都市左京区一乗寺木ノ本町 15 番地
　　　　　　　　　　　Telephone　　075-723-0111
　　　　　　　　　　　Facsimile　　075-723-0095
　　　　　　Website　　http://www.nakanishiya.co.jp/
　　　　　　Email　　iihon-ippai@nakanishiya.co.jp
　　　　　　　　　　　郵便振替　01030-0-13128

印刷・製本＝ファインワークス／装幀＝白沢　正
Copyright © 2023 by Y. Sato, K. Matsue & K. Watanabe
Printed in Japan.
ISBN978-4-7795-1702-0